독일 복지국가론

CONTENTS

서 문

1. 독일

2. 사회적 시장경제

3. 사회보장제도

독일 복지국가론을 시작하면서

본서는 복지국가로서 독일을 분석하는 연구의 시작이다. 연구
서이지만 대중의 이해가 가능하도록 간략하면서 쉽게 서술하려고
노력하였다. 본서 뒤를 이어 독일의 사회보험(Sozialversicherung),
사회적 보상(Soziale Entschädigung), 사회적 지원(Soziale Förderung),
사회서비스(Soziale Dienstleistungen), 기초보장(Grundsicherung)
등 분야별로 연구서를 내놓을 예정이다. 따라서 본서는 후속연구
서의 총론 내지 서론이 되기도 한다.

이 책 발간을 위해 주변의 많은 도움이 있었다. 작년 내내 손
발이 되어준 서울여대 사회복지학과 석사과정 문채영에게 먼저
감사한다. 본서의 교정 및 출판 과정을 도와준 서울여대 사회복
지학과 박사과정 황경란, 김정희 두 사람에게도 고마운 인사를
전한다.

트리어대학교(Universität Trier) 시절 박사논문 지도교수이며
친구인 한스 브라운(Prof. Dr. Hans Braun)의 학문적 지도와 동
행 없이 이 책은 나올 수 없었다. 한스의 곁을 지키고 있는 카
타리나(Katharina)에게도 인사를 전한다. 한글로 쓴 책을 읽을
수 없지만 우편으로 보내드릴 때마다 늘 즐거워했던 한스의 어
머니, 마리아 브라운(Maria Braun)에게 더 이상 책을 보내드릴
수 없게 되었다.

하늘나라에 계신 마리아 브라운에게 한국의 박사손자(Doktorenkel) 책을 마음으로 보내드린다. 15년 이상 병상에 누워계신 어머니, 어머니를 지극정성으로 보살피는 아버지, 그리고 손자 보살피기에 모든 것을 희생하시는 일산의 새로운 어머니, 아버지께도 무한한 감사를 드린다.

마침 책이 나오는 시기에 두 가지 기쁜 일이 겹쳤다. 사랑하는 딸 성희의 석사학위 취득과 이 책 출간을 함께 할 수 있어서 기쁘다. 아들 주호의 첫 돌과 필자가 지금까지 정리해온 독일 복지국가론 시리즈 첫 결실의 시간이 일치할 수 있음에 깊이 감사한다.

그리고 무엇보다... 언제나 곁을 든든히 지켜주는 사랑하는 아내이자 학문적 동지 지은에게 이 책을 드린다.

2016년 1월 19일

태릉 먹골의 청정하늘 아래 연구실에서

정재훈

1. 독일

1. 독일

독일 공영방송 ZDF 프로그램 중 'Deutschland Saga(독일의 전설·이야기)'가 있다. 독일·독일인·독일국가의 정체성을 역사적으로 찾아가는 내용이다. "독일민족은 어디에서 왔는가? 애당초 '독일민족'이라는 것이 존재했는가? '독일적(deutsch)'이란 대체 무엇을 의미하는가? 사람들을 독일인으로 묶어주는 '독일'이라는 요소가 무엇인가? 독일(인)은 무엇을 공통적으로 추구하는가? 결국 우리(독일인)는 누구인가?" 이러한 질문에 대한 답을 찾는 내용이다. 그만큼 독일, 독일인, 독일문화를 뚜렷하게 정의하기 어렵다는 의미이다.

1) 독일 역사 개요

만주 벌판을 넘어서기도 했지만 우리는 통일 신라 이후 한반도를 벗어나지 않고 하나의 민족, 하나의 국가 개념을 뚜렷하게 형성해왔다. 반면 독일인은 지난 2천 년 역사를 통해 상대적으로 희박했던 국경과 민족 개념을 갖고 살아왔다. 독일어를 사용하고 독일문화가 지배적이었던 지역이 오늘날 국경으로 따지면 프랑스 동부 지역과 동유럽 국가들에까지 이르렀다. 중세시대부터 개별 영주가 지배하던 수백 개의 영방국가(Territorialstaat)가 들어섰다. 서기 800년 프랑크의 왕 샤를마뉴 1세가 로마 교황 레오 3세로부터 로마황제의 관을 수여받고 교황을 수호하는 임무를 부여받은 후 신성로마제국이 등장하였다. 신성로마제국은 수많은 영방국가의 느슨한 중앙정부 역할을 하였다. 영방국가 중 하나로서 1701년 브란덴부르크(Brandenburg) 지역을 중심으로 형성된 프러이센(Preußen)이 주도하여 독일제국Das Deutsche Reich)으로 통일한 역사적 사건이 1871년에야 있었다.[1]

일차통일 후 1914년 독일제국은 제일차세계대전을 일으켰고 1918년 패배했다. 패배의 여파로 제국은 사라지고 인류 역사상 최초의 민주공화국이라 부를 수 있는 1919년 바이마르 공화국(die Weimarter Republik) 출범이 있었다. 그런데 곧이어 인류 역사상 가장 잔인한 파시스트 독재 정권 중 하나로 부를 수 있는 나찌 히틀러 정권이 1933년 출범하여 제이차세계대전과 600만 유대인 학살이라는 끔찍한 범죄를 저질렀다. 그 와중에 온 나라가 폐허가 되었고 1949년 이후 동서독 분단체제를 경험해야 했다. 그런데 1950 · 60년대를 거치면서 이른바 '라인강의 기적'이라는 경제부흥을 성취하였고 동유럽 공산권 몰락 과정에서 역사상 유례가 없는 서독 자본주의 체제와 동독 사회주의 체제 간 평화통일을 1990년 이루었다. 그리고 이후 유럽연합 구성의 중심 역할을 하고 있다.

롤러코스터 타기와 같은 독일 역사는 다음과 같은 특징을 보여준다. 늦은 통일로 인하여 희박했던 민족과 국경 개념, 신성로마제국 이후 지배적으로 등장한 기독교 문화, 통일을 이룩한 프

---

1) 이때 프러이센 제국의 수상이 비스마르크(Otto von Bismarck)이다.
비스마르크가 주도한 당시 독일 통일을 '일차 통일'이라 한다. 이때에도 독일어 · 독일문화권으로서 오스트리아와 스위스, 동유럽 일부 지역은 제외되었다. 이를 비스마르크가 신속한 통일을 위해 추구한 '소독일주의(Kleindeutsche Lösung)'라 부른다.

러이센적 미덕[2]과 바이마르 공화국에서 시작한 민주주의 전통에 대한 자부심, 나찌 파시스트 독재 역사에 대한 수치심, 재통일을 기점으로 한 유럽화의 주역으로서 역할 실천.

2) 복지체제로서 분권적 조합주의

민족과 국경 개념이 뚜렷이 서지 않은 가운데 분열과 통일을 반복한 독일 역사는 지방분권화와 연방주의의 조화라는 국가체제를 낳게 하였다(Fulbrook,1990). 독일 복지제도의 특징으로서 분권적 조합주의는 이러한 국가체제에서 나온다. 연방정부(Bundesregierung)는 고용과 소득보장을, 주정부(Landesregierung)는 교육과 보건 · 의료보장을, 기초지자체(Städte und Kommunen)는 사회서비스를 주로 책임진다는 의미에서 분권적이다. 고용 · 소득, 보건 · 의료보장 영역에서는 국가와 사용자, 노동자 간 이른바 '국가 – 자본 – 노동' 간 조합주의적 협력이, 사회서비스 영역에서는 '연방정부 – 지자체 – 서비스 제공 주체로서 비영리복지단체' 간 조합주의적 협력(정재훈,2007) 체계가 구축되어 있다.

중세시대 이후 자리 잡은 기독교 문화는 19세기 기독교 사회운동 출범 이후 사회서비스 전달체계 확립의 토대가 되었다. 19세기에 본격화된 산업혁명이 가져온 경제성장과 더불어 등장한 노동자의 비참한 생활문제, 사회문제로서 노동자문제(Arbeiterfrage)에 가톨릭과 개신교는 기독교 사회운동으로써 대응하였다. 기독

---

2) 근검, 절약, 정직, 정직한 관료주의 등이 그 대표적 내용이다.

교 사회운동으로 인하여 장애인, 노인, 부랑자, 고아 등 전통적인 사회적 약자를 위한 생활시설, 이용시설, 상담, 교육, 계몽 등 사회서비스 전달체계가 확립되었다. 가톨릭의 카리타스(Caritas), 개신교의 디아코니(Diakonie)는 국가에 앞서 사회서비스 전달체계를 구축하는 과정에서 중요한 역할을 하였다. 노동운동도 기독교 사회운동의 뒤를 이어 노동자복지회(Arbeiterwohlfahrt)를 만들면서 사회서비스 전달체계 구축에서 한 몫을 하였다. 우리나라의 경우 1990년대 이후에 국가 주도로 종합사회복지관 등 사회복지서비스 전달체계를 구축한 것과 달리 독일은 기독교 및 노동조합이 주도한 사회운동의 일환으로서 사회서비스 전달체계를 구축한 것이다(정재훈,2007).

여기에 더하여 나찌 시대 경험은 강력한 국가의 일방적 개입을 예방하는 제도적 장치 마련으로 이어졌다. "국가가 지원은 하되 간섭은 최소화한다(Steinforth,2001:94)."는 국가와 사회서비스 전달체계 간 조합주의적 관계이다. 이는 사회서비스 전달체계 구축에서 주도권을 잡은 기독교 사회운동 중심 민간비영리 조직과 나찌 시대를 반면 교사로 삼은 독일식 민주주의 발전의 조합에서 나왔다고 볼 수 있다.

분권적 조합주의 사회보장제도에서 국가는 자본과 노동 간 타협적 조합주의 관계에서 사회보험제도를 통한 소득·의료보장과 고용 지원을 주도한다. 이때 재정은 사용자(자본)와 노동자(노동)가 부담하는 사회보험료와 조세로 충당한다. 사회보험료와 조세가 전체 국내총생산(GDP)에서 차지하는 비중을 '국민부담률'이라

한다. 2013년 현재 독일의 국민부담률은 36.7%이다. 같은 해 우리나라 국민부담률은 24.3%이다(OECD,2015). 그만큼 독일국민이 부담하는 세금과 사회보험료 수준이 높다는 의미이다. 그런데 조세 부담률만 보면 양국 간 차이가 크지 않다. 독일이 22.7%이고 한국은 17.9%이다(OECD,2015). 국민부담률은 12% 이상 차이가 나는데 조세부담률은 5% 차이가 나지 않는다는 것은 그만큼 한국에 비교할 때 독일에서 사회보험료 부담률이 높다는 의미가 된다.

사회보험료 부담률이 높다는 것은 기업(자본)과 노동자(노동자)가 사회복지 재정 조달에서 기여하는 몫이 그만큼 크다는 것도 의미한다. '국가 – 자본 – 노동' 간 협력적 조합주의 관계 형성의 토대이다. 부담하는 만큼 목소리를 내는 것이다. 이렇게 조달한 재정으로 국가는 조합주의 방식 사회보험제도로써 사회 구성원 대상 소득·의료보장, 고용 지원 등을 한다. 국가는 또한 이렇게 조달한 재정으로 민간 비영리 조직 제공 사회서비스 재정을 지원한다. 이때 앞서 언급한 '국가 지원, 간섭 최소화' 원칙이 적용된다. 민간 비영리는 사회 구성원 대상 사회서비스를 자율적으로 제공한다. 이러한 구도를 '분권적 조합주의'로 표현할 수 있다(그림 1).

〈그림 1〉 분권적 조합주의

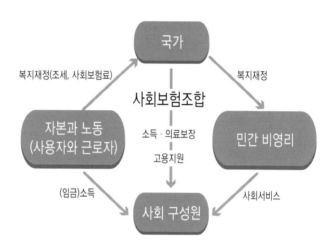

2. 사회적 시장경제

2. 사회적 시장경제

독일식 분권적 조합주의의 토대는 사회적 시장경제(soziale Marktwirtschaft)이다. 앞서 국내총생산에서 차지하는 조세와 사회보험료 부담률의 합, 즉 국민부담률 중에서 독일은 조세부담률은 상대적으로 낮고 사회보험 부담 비중은 높다고 설명하였다. 높은 조세 부담률은 국가가 시장경제에 그만큼 높은 수준으로 개입함을 의미한다.

이런 면에서 볼 때 독일은 시장경제 자체에 대한 국가 개입 수준이 높지 않은 국가이다. 사용자와 노동자 당사자가 부담하는 사회보험료 부담 비중은 높다. 하지만 사회보험은 부담하는 만큼 당사자에게 혜택이 돌아가는 특징을 갖는다. 내가 낸 돈이 어떻게 사용되는지 용처가 불분명한 조세와는 다른 성격을 갖는 것이다.

조세 부담률이 낮고 사회보험료 부담률이 높다는 것은 국가가 시장경제 자체에 대한 개입은 낮은 수준에서 하지만 당사자가 성취한 업적에 기초하여 당사자 생애주기에서의 재분배에는 높은 수준에서 개입함을 의미한다. 젊어서 취업활동 할 때 당사자 노후를 위해 연금보험료를 많이, 오래 납부할수록 늙었을 때 많은 연금액을 받도록 국가가 개입하는 것이다. 사회보험 가입 당사자가 젊었을 때 번 돈을 모았다가 늙어서 다시 쓰게 한다는 의미에서 '당사자 생애주기 재분배'가 되는 것이다. 물론 의료보험 등의 예에서 볼 수 있듯이 사회보험이 계층 간 재분배 기능도 한다.

시장경제 활동에는 국가 간섭을 최소화한다. 이런 점에서 시장경제 중심이다. 그러나 시장경제 활동이 가져오는 결과에 대해서는 국가가 사회보험을 수단으로 비교적 높은 수준의 개입을 한다. 소득의 약 40%를 사회보험료로 납부하는 현실이 바로 그것이다.

1) 사회적 시장경제의 출현

1930년대 경제대공황, 시장의 권력화, 독과점 체제 형성, 기업 집중 등 시장 실패에 대한 반응은 독일에서 질서자유주의(Ordoliberalismus)라는, 자유주의에 바탕을 두되 '자유방임주의적 시각을 버린' 새로운 자유주의 사상을 만들어내었다. 발터 오이켄(Walter Eucken) 등이 주도한 질서자유주의 사상을 알프레드 뮐러-아막(Alfred Müller-Armack)이 사회적 시장경제 개념으로 구체화하였고, 이를 루트비히 에르하르트(Ludwig Erhard)가 현실 경제정책에 반영함으로써 전후 독일 복지국가 체제 발전이 이루어졌다(Hamel,1989:53).[3]

1959년 11월 15일 독일 사회민주당(SPD)은 고데스베르크 강령(Das Godesberger Programm)을 선포하여 시장경제와 사유재산체제 인정, 프롤레타리아 독재 투쟁 포기를 명시하고 대중정당으로 변신을 시작함으로써 사회적 시장경제가 초당적 합의를 토대로 한 국가 발전 이데올로기로 자리 잡는 흐름에 합류하였다.

---

3) 사회적 시장경제 개념은 알프레드 뮐러-아막(Alfred Müller-Armack)이 1956년 사회과학 사전(Handwörterbuch der Sozialwissenschaften)에서 처음 명시하였다.

2) 원리

사회적 시장경제는 시장경제적 성과를 사회적 보상과 결합하는 체제이다. 따라서 사회적 시장경제는 '사회적' 원리와 '시장경제' 원리의 혼합을 토대로 존재한다. "사회적 시장경제(social market economy)는 경쟁원리의 우위를 강조하여 모든 계획경제에 반대하고, 생산·소비·직업선택 등에 대해서는 시장경제에 있어서의 자유경쟁을 완전히 보장하지만, 시장형태 등을 포함한 경제적·사회적 질서의 형성·유지에 대해서는 국가가 경제·사회 정책을 통하여 책임을 져야 한다는 것을 주요 내용으로 하는 독일의 독자적인 경제체제이다(김용권,2005:35)."

3) 인간관

사회적 시장경제는 다음과 같은 인간의 모습을 전제로 한다. 인간은 욕구 충족을 위하여 성공을 추구하는 존재이다. 따라서 인간은 경쟁을 통해 얻은 성취를 자신의 것으로 신뢰하며 경쟁 가운데 발생하는 이익과 손해를 자기 책임으로 받아들여야 한다고 본다. 따라서 경쟁의 결과 생기는 사회적 차별 역시 당연한 결과로 인정한다. 또한 사회적 시장경제 체제는 자신과 가족의 힘으로 해결할 수 있는 문제를 국가 도움을 받아 해결하는 것은 바람직하지 않다고 생각하는 인간을 전제로 한다(Hamel,1989:304-305).

4) 목표

사회적 시장경제는 경쟁에 기초한 시장경제적 성과를 사회적 보상(Sozialer Ausgleich)과 결합하는 것이다. 시장경제 질서가 만들어내는 복지는 사회정의를 추구하는 제도 및 개입과 연결되어 있다는 의미이다. 자유주의 시장경제가 기회의 평등을 추구한다면 사회적 시장경제는 경쟁 질서를 해치지 않는 범위에서 결과의 평등(Ergebnisgleichheit)을 추구한다.

이러한 경쟁과 사회적 보상의 조화는 시장경쟁에 따른 소득분배가 반드시 정의롭지는 않다는 사회적 통념을 전제로 한다. 상위 1%가 전체 사회적 부의 90%를 차지하는 현상은 정의롭지 않다. 부모의 경제·사회적 지위가 자녀에게 세습되고 저소득층의 사회적 배제가 고착화되는 것은 사회의 지속가능 발전에 위협이 된다. 이러한 문제를 해결하려면 현 세대 시장경쟁의 결과가 다음 세대의 불평등과 사회적 배제로 이어지지 않도록 하기 위한 '사회적' 개입이 현재의 '시장경제'에 있어야 하는 것이다.

5) 국가 역할

사회적 시장경제 유지를 위하여 국가는 세 가지 정책을 실현해야 한다(Hamel,1989:58-59). 첫째, 질서정책이다. 사회 각 집단이 순응할 수 있는 질서를 국가는 만들어내야 한다. 독과점이 횡행하고 편법이 판치는 구조를 국가가 방관한다면 공정한 시장경쟁 질서는 생겨날 수 없다. 따라서 국가는 경제민주화를 통한 시장경제 질서를 바로 잡는 노력을 해야 한다.

둘째, 시장경제 과정에 대한 직접 개입이 아닌, 개별 주체들의 경제활동 과정을 관리·보장해주는 과정정책을 국가는 담당해야 한다. 사회적 시장경제는 국가가 무소불위의 권위를 갖고 개입하는 사회주의 경제와는 근본적으로 다르다.

셋째, 소득 재분배정책이다. 여기에는 발생한 소득 불평등을 보정해주는 사후 소극적 재분배정책 뿐 아니라 가치재(교육, 직업훈련 등) 공급을 통한 사전적·적극적 소득재분배 정책이 속한다.

6) 시장경제

시장경제는 경제적 자유, 복지, 사회보장을 제공하는 가장 중요한 체계이다. 시장경제의 이러한 기능 작동을 위하여 국가는 시장경제를 의식적·사회적으로 조정한다. 이때 조정 기제로서 연대가 중요한 역할을 한다. 조정기제에는 연대 외에도 위계, 조합주의, 전문성, 그리고 시장 그 자체가 있다(Kaufmann,2002:212).

시장경제를 조정하는 다양한 기제의 존재는 사회적 시장경제의 분권성을 보여준다. 계획경제(Planwirtschaft)의 주체로서 국가와 시장경제 시장을 단일하게 설정하고 있다면, 사회적 시장경제 운영 주체는 중앙정부, 지방정부, 시장, 공공조직, 비영리 민간 조직, 가족 등 다양하다. 특히 민간 부문 역할은 보충성 원칙에 따라 강조·지원하고 있다.

7) 사회정책 · 사회복지의 역할

　사회적 시장경제는 국가와 시민사회 사이에 존재하는 사회정책을 전제한다. 시민사회의 시장경제와 국가는 독립적 체계로서 명확한 경계를 갖는다. 그러나 시민사회 개인의 복지는 국가의 정치적 책임 대상이 된다. 따라서 국가와 시장 간에는 일정한 긴장이 형성된다(Kaufmann,2002:133). 기업 활동은 자유롭게 보장하지만 기업 활동 실패로 인하여 생긴 실업자 생계 대책은 국가가 떠맡아야 하는 정치적 책임이 있는 것이다. 그리고 이러한 정치적 책임을 국가가 이행하기 위하여 기업 활동에 대한 사회정책적 개입이 조세, 사회보험료 부담, 근로자 권리 보호 등 형태로 나타나며, 이 때 기업 부담을 국가가 요구하게 되기 때문이다. 이런 의미에서 사회정책은 사회적 중재자로서 기능한다.

　중재자로서 사회정책은 능동적 특징을 갖는다. 사회보장과 사회정의 실현을 위한 사회정책적 개입 양상이 원천적 · 적극적 양상을 보인다는 의미이다. 사회적 이전소득(사회보험 급여, 사회적 보상, 현금수당, 기초보장 등)이 발생하기 전 독일의 지니계수는 대체로 0.5를 넘어간다. 그만큼 시장경제 활동에 따른 소득 · 자산 불평등이 크다는 것이다. 그러나 사회적 소득을 이전한 후, 즉 사회보장 급여 혜택을 받은 후 지니계수는 대체로 0.3 이하를 나타낸다. 국가와 시장 간 긴장과 갈등 관계에서 사회정책 · 사회복지가 완충 역할을 하고 있는 것이다.

8) 사회적 시장경제의 가능성과 한계

시장경제에서는 경쟁과 패배·실패를 자연스러운 현상으로 본다. 시장경제에서 기업은 실패할 수도 있고 기업의 실패는 시장경제 유지를 위하여 매우 중요한 요소이다. 사회적 시장경제에서는 기업의 실패 자체는 문제가 아니다. 반면 사회주의 경제에서 기업의 실패는 있을 수 없다. 예전 동독 시절 실패하는 기업, 망하는 기업은 없었다. 그런데 실패하는 것이 없는 그런 경제는 그 자체로서 실패할 수밖에 없다. 따라서 사회적 시장경제는 국가가 가능하면 시장경제에, 특히 기업 활동에 대해 최소한의 개입을 추구한다.

그런데 사회적 시장경제가 시장경제와 다른 점은 실패를 실패 그 자체로서 방치하지 않는다는 것이다. 기업이 실패했을 때에 그것으로 끝나면 그저 시장경제이지만 거기에 'Sozial'이라는 사회적 의미가 들어가서 기업은 실패했지만, 실패한 기업에 있던 사람의 생계를 보장해 주는 것이 사회적 시장경제이다. 사람이 그만큼 중요하기 때문이다. 기업은 실패하더라도 사람은 살아갈 수 있도록 실업보험, 재취업 지원, 가족 지원, 자녀 교육비 지원 등을 하는 것이 사회적 시장경제인 것이다.

그러나 사회적 시장경제는 다음과 같은 한계도 갖는다. 첫째, 저출산·고령화로 인하여 취업연령 집단 규모가 점차 감소하는 현상에서 사회적 시장경제의 한계가 나온다. 사회적 시장경제를 유지할 수 있는 미래의 노동력이 재생산되지 않을 수 있는 도전을 받고 있는 것이다. 둘째, 최근 독일 언론에서 자주 언급하고 있는 노후빈곤 문제는 사회적 시장경제의 한계를 보여주는 좋은 예이다. 노후빈곤을 겪고 있는 사람들이 과거 취업활동시장에서 실업 기간이 길었다든지 저임금 노동을 주로 하였다는 점은 중요한 시사점을 준다. 즉 취업활동자 중심 사회보험을 근간으로 하는 사회적 시장경제의 한계가 노후빈곤 문제로 이어질 수 있다.

사회적 시장경제의 세 번째 취약성은 이른바 전통적 가족관계 붕괴로 인한 '신사회적 위험'에서 드러난다. 평생 전업주부나 시간제 근로를 하던 여성들이 이혼하게 되면서 배우자와 노후에 소득을 나눠 갖지 못하고 빈곤에 빠지기 시작하였다. 한부모 가정 증가는 자녀 양육 부담과 빈곤 문제를 동시에 가져온다. 독거노인이 증가하면서 노후빈곤 문제가 노출되기 시작하였다. 전통적 가족 관계가 붕괴되면서 전에 없던 가족문제, 사회문제 등장이 사회적 시장경제에 대한 도전이 되고 있다.

마지막 네 번째 사회적 시장경제의 한계이자 도전 요소는 불안정한 고용관계, 비정규직의 양산이다. 평생직장 개념이 사라졌다. 이제는 대학을 졸업하고 나와도 한 1년 지나 회사에서 마음에 안 들면 해고시키는 것이 아니라 아예 계약 관계를 끝내버린다. 사회 구성원 대다수가 고용 불안정에 시달리는 현상은 취업활동자 중심 사회보험을 근간으로 한 복지국가의 안정적 재정 운영에도 위험 요소가 되고 있다.

3. 사회보장제도

3. 사회보장제도

분권적 조합주의와 사회적 시장경제에 기초한 독일 사회보장제도는 사회보험, 사회적 보상, 사회적 지원, 사회서비스, 그리고 기초보장의 모습으로 나타난다.

1) 사회보험

독일 사회보험(Sozialversicherungen)은 질병, 실업, 노령, 장애, 사고 등 사회적 위험 발생으로 인한 소득 상실, 빈곤, 가족·사회적 관계 위기 등 다양한 문제에 미리 대처하는 사회적 예방(Soziale Vorsorge) 차원의 사회보장제도 영역이다. 여기에서 '예방'이라 함은 사회적 위험에 처하더라도 가능한 한 현재 생활수준을 유지하면서 재기의 기회를 가질 수 있는 수준의 사회보장을 제공한다는 의미이다. 강제가입이지만 스스로 납부한 보험료로써 운영한다는 의미에서 사회보험은 자조(Hilfe zur Selbsthilfe)의 원리를 실천하는 제도이다. 또한 소득이 높으면 높을수록 그에 비례하는 보험료를 납부하고 혜택도 그에 상응하게 받는다는 의미에서 독일 사회보험은 업적 지향적이면서 계층화된 특징을 갖는다. 취업활동 중 오랜 기간에 걸쳐 연금보험료를 많이 내면 낼수록 연금 수급액이 높아지는 반면, 그렇지 못한 경우에는 노후 빈곤의 위험까지 감수해야 한다. 반면 사회보험은 사회연대를 기반으로 운영되기도 한다. 의료보험의 경우 소득 비례로 보험료를 납부하지만 의료보험 가입자로서 받는 혜택은 동일하기 때문이다.

독일은 세계 최초로 사회보험제도를 도입한 국가이다. 비스마르크가 주도한 프러이센 중심의 독일 통일이 이뤄진 후(1871년) 노동자 (빈곤)문제가 점차 심각해지는 상황에서 노동운동의 사회주의화를 막기 위한 수단, 기독교 사회운동의 인도적 요구, 프러이센 국가의 국민보호 의무에 대한 자각(온정적 국가주의), 중세시대부터 내려온 상인·기술자 조합 중심 협동조합의 상호부조 경험 축적 등 여러 가지 요인들이 어우러져 사회보험제도로 나타났다. 1883년 의료보험(Krankenversicherung), 1884년 사고보험(Unfallversicherung), 1889년 폐질·노령보험 즉 연금보험(Invaliditäts- und Altersversicherung: gesetzliche Rentenversicherung)을 우선 실시하였다. 실업보험(Arbeitslosenversicherung)은 제일차세계대전 이후 경제 대공황이 다가오기 시작한 1927년 도입하였다. 이렇게 4대 사회보험 체제를 완성한 독일은 인구 고령화에 따른 노인 수발 문제에 대응하기 위하여 1995년 수발보험(Pflegeversicherung)을 도입하였다. 이로써 독일은 세계 최초로 5대 사회보험을 갖춘 국가가 되었다.

각 사회보험은 조합주의 원리에 토대를 두고 운영된다. 우리나라처럼 각 분야에 전국적으로 단일한 공단이 있는 것이 아니라, 각 사회보험 영역에 개별 조합들이 직역 혹은 지역별로 분포하고 있다. 과거 우리나라 의료보험 조합이 개별 직장의료보험 조합과 지역의료보험 조합으로 구성되었던 것과 비슷한 현상이다.

연금보험의 경우 노동자연금, 사무직연금, 광산노동자연금, 수

공업자연금, 공무원연금 등 산업·직종·직역별 다양한 형태를 보였다. 그러나 2005년 사무직·노동자·광산노동자 연금 통합으로 비교적 단일한 모습을 갖추게 되었다. 연금보험료율은 1889년 처음 시작할 당시에는 1.7%이었지만 2015년 현재 18.7%이다. 즉 노동자 소득의 거의 1/5 가량을 연금보험료로 부담해야 한다.

의료보험은 그동안의 통폐합 과정에도 불구하고 상대적으로 많은 수의 조합으로 운영되고 있다. 1970년 구서독 지역에만 1,815개의 의료보험 조합이 있었다. 1990년 통일 당시에도 1,147개의 의료보험 조합이 존재하였다. 조합 운영의 효율성을 통한 의료보험 재정 절감을 시도하는 연방정부의 지속적인 시도로 2000년에는 그 숫자가 420개로 감소하였다. 2006년 연방정부가 강력하게 추진한 건강개혁(Gesundheitsreform) 이후 2005년 267개였던 조합 수가 2015년에는 124개, 거의 절반 수준으로 감소하였다.4) 의료보험료율은 조합에 따라 차이가 조금 있지만, 의무 가입 노동자 월 소득의 15% 정도에 이르고 있다. 여기에 더하여, 수발보험은 건강보험조합에서 운영하고 있다. 수발보험료율은 지역과 자녀 부양 여부에 따라 약간의 차이가 있긴 하지만, 2015년 현재 월 소득의 2.35% 수준이다.

사고보험은 산업별로 볼 때 섬유, 화학, 식품, 교역, 행정, 교통, 건설, 보건·복지 등 각 분야별로 조합이 있다. 농림·수산업 조합은 독자적으로 존재한다. 여기에 공공 분야(관공서, 학교, 어린이집, 소방서 등) 사고보험 조합이 2015년 현재 32개가 있

---

4) 숫자 감소 추세는 위키피디아 자료를 참고하였음(https://de.wikipedia.org).

다. 사고보험은 전통적으로 노동자 부담 없이 사용자가 보험료를 전액 부담한다.

실업보험은 실업문제가 갖는 특성상 개별 조합별 운영이 불가능하다. 따라서 실업보험 운영 주체는 연방정부 고용사회부 산하 공공기관으로서 연방고용공단(Bundesagentur für Arbeit)이다. 보험료율은 사용자에게는 노동자 소득의 3%로 동일하게 적용된다. 그러나 노동자 부담 보험료율은 2015년 현재 소득별로 0~3%까지 상이하다. 2015년 현재 노동자 월 소득이 1,280유로 이하일 경우 노동자 본인 부담 실업보험료는 없다. 노동자 월 소득이 1,571유로를 넘어갈 경우에 보험료율이 3%가 된다. 결국 실업보험료율은 노동자 소득의 3~6%가 되는 것이다.

독일 사회보험제도는 1880년대 도입 이후 약 140년이 지나는 동안 개별 분야에서의 통폐합 과정에도 불구하고 비교적 조합주의 전통을 고수하고 있다. 또한 각 보험료율은 모두 합하면 거의 월 소득의 40%를 사회보험료로 지불하고 있다. 사용자와 당사자로서 노동자 부담이 그만큼 높은 수준의 사회보장제도로서 사회보험의 특징을 보이고 있는 것이다.

2) 사회적 보상[5]

'사회적 보상(Soziale Entschädigung)'은 사회적 기여, 구조적 폭력과 범죄, 공적임무 수행 과정에 기인하여 발생한 건강상 피해와 그에 따른 당사자와 직계 (유)가족의 경제적 부담을 현금 · 현물급여로써 감소시키는 사회보장제도의 한 영역이며 주요 추진 주체는 국가다.

이러한 사회적 보상은 행위 자체가 아니라 행위를 하는 과정에서 발생하는 건강상 피해로 인한 상황을 전제로 한 보상을 추구한다. 건강상 피해가 발생하지 않는 한 사회적 기여나 전쟁 상황, 군복무 상황 그 자체를 근거로 보상하지는 않는 것이다. 즉 보상 대상 범위는 넓게 그러나 보상 대상 상황은 건강상 피해로 비교적 좁게 설정하고 있다 보상 대상 상황이 공적(功績) 그 자체가 아니라는 의미이다.

사회적 보장 주관 부서로서 독일 연방노동사회부는 사회적 보상 대상을 다음과 같이 분류하고 있다.

① 전쟁피해자(Kriegsopfer)

② 폭력피해자(Opfer von Gewalttaten)

③ 국방 · 공익근무상병자(Wehr- und Zivildienstbeschädigte)

④ 예방접종 부작용피해자(Impfgeschädigte)

⑤ 1945년 5월 8일 이후 소련점령지역, 동베를린, 연방난민법 (Bundesvertriebenengesetz)에서 지정한 지역에서 정치적

---

5) 「안상훈 외(2014), 보훈급여금 보상 수준의 합리적 개편 방안, 국가보훈처.」 중 필자 집필 내용을 재구성하였음

박해를 받고 건강문제가 생긴 자

⑥ 구동독 정권의 박해로 건강문제가 생긴 자

전쟁피해자는 일차·이차세계대전 중 건강상 피해를 입은 자를 의미한다. 현재 연방부양법(Bundesversorgungsgesetz) 대상자 집단 중 가장 많은 수를 차지하고 있다. 근거법은 연방보호법(Bundesversorgungsgesetz)이다. 폭력피해자는 가정폭력을 위시한 범죄로 인한 건강상 피해를 입은 자이다. 폭력피해자보상법(Opferentschädigungsgesetz)에 따른 보상을 받는다.

국방·공익근무 상병자는 국방의 의무 혹은 임무 수행 중 입은 건강상 피해자이다. 의무병제가 폐지된 이후에 공익근무 상병자는 새로 발생하지 않고 있다. 근거법은 군인보호법(Soldaten versorgungsgesetz)과 공익근무법(Zivildienstgesetz)이다. 예방접종 부작용피해자도 감염보호법(Infektionsschutzgesetz)에 근거하여 사회적 보상의 대상이 된다.

제이차세계대전이 1945년 5월 8일 독일의 일방적 항복으로 끝난 후 동베를린을 비롯하여 소련의 점령지역이 된 동독과 동유럽 지역에서 쫓겨 온 난민들 중 박해의 과정에서 건강상 피해를 입은 자들이 사회적 보상 대상자가 된다. 근거법은 수감자지원법(Häftlingshilfegesetz)이다. 마지막으로 구동독 정권기 수감 과정에서 건강상 피해를 입고 그 피해가 현재까지 지속되고 있는 자들도 형법권리피해복권법(strafrechtliche Rehabilitierungsgesetz)과 행정권리피해복권법(verwaltungsrechtliche Rehabilitierungsgesetz)에 따른 사회적 보상의 대상이 된다.

여기에 더하여 사회적으로 의로운 행위를 하는 과정에서 발생한 건강상 피해를 보상해주는 제도로서 사고보험(Unfallversicherung) 이 있다. 우리나라의 산재보험은 고용관계를 전제로 건강상 피해를 보상해주지만 독일 사고보험의 사고 피해 보상 범위는 고용관계를 넘어서 매우 광범위하다. 이 중 사회법 7권 2조(1)13[6] 에 근거하여 사회적으로 의로운 행위를 한 자, 헌혈자, 장기 기증자, 불법적 행위에 적극적으로 대처한 자는 그 과정에서 건강상 피해를 입었을 경우 사고보험의 보상을 받는다.

연방노동사회부에서 규정하고 있는 사회적 보상 범위와 대상자, 그리고 사회법 7권 사고보험에 따른 사회적 보상 대상자 개념을 토대로 하면 독일에서 공동체가 책임을 져야 하는 건강상 피해는 크게 세 가지 상황에서 발생한다. 즉 사회적 보상의 전제는 다음 세 가지로 분류할 수 있다.

첫째, 긴급 상황에서 의로운 행위를 했을 때이다. 개인이 적극적 의사를 갖고 자발적으로 사회적 기여를 하는 과정에서 발생하는 건강상 피해에 대한 사회적 보상이다. 사회법 7권 2조 (1)은 사고보험 적용 대상자 관련 규정이다. 동 법조항에서는 '사고 현장이나 공동의 위험·위기 상황에서 도움을 주거나 자신의 건강상 위험에도 불구하고 타인을 구한 자, 헌혈자와 장기 기증자 혹은 헌혈·장기 기증을 위한 검사를 받는 자, 범인을 쫓는 과정이나 기타 불법적 행위 상황에서 도움을 준 자'를 사고 보험 가입자로 규정하고 있다.[7]

---

6) SGB Ⅶ § 2. Abs. 1. Nr.13.

둘째, 개인의 의사와 관계없이 사회구조적 요인으로 인하여 건강상 피해를 입었을 때이다. 국가와 사회의 폭력과 범죄에 대한 사회적 보상이다. 국가가 부양해야 할 사회구조적 요인은 독일의 역사적·문화적 특수성에 근거하여 결정된다. 여기에는 우선 일차·이차세계대전이 있다. 사회적 보상 대상자 중 가장 많은 집단이 양차세계대전 피해자이다. 또한 제이차세계대전 종전 이후에 구소련이 점령했던 동베를린과 동독 지역에서 일어난 정치적 박해의 결과로 인해 생긴 건강상 피해도 국가폭력의 대표적 피해이다. 이러한 맥락에서 구동독 정권이 행한 국가폭력도 사회적 보상의 영역이 된다. 여기에 더하여 예방접종의 부작용이나 범죄 행위가 가져오는 피해를 국가가 책임져야 할 영역으로 보는 것이다.

셋째, 국가가 요구하는 임무 수행 중 발생하는 건강상 피해 상황이다. 군인이나 공무원으로서 임무 수행 중 발생하는 건강상 피해를 사회적 보상 개념을 통해 부양하게 된다. 공무원의 경우에는 공무원 연금제도를 통해 부양해 주기 때문에 특별히 사회적 보상의 범주에 포함시키지 않는다. 따라서 주로 군복무와 지금은 시행하고 있지 않는 대체군복무로서 공익근무 중 발생한 건강상 피해를 국가의 사회적 보상 영역으로 분류하고 있다.

---

7) 사회법 7권 2조 (1)13.

3) 사회적 지원

사회적 지원(Soziale Förderung)은 사회보험이나 공공부조, 사회서비스 등으로 해결할 수 없는 이른바 사각지대의 문제를 해결하는 역할을 한다. 사회적 지원의 주요 형태는 현금수당이다. 사회보험이나 공공부조는 현금급여 형태로 지불한다. 그런데 사회보험은 취업활동을 전제로 한다. 따라서 전업주부, 학생, 취업무능력자 등 취업활동을 할 수 없는 사람들을 배제하는 한계를 갖는다. 공공부조는 저소득층이 주 대상이다. 사회서비스는 대인서비스 형태로 제공하기 때문에 당장 현금이 필요할 때 욕구 충족을 해주지는 못한다. 결국 취업활동을 하지 않거나 못하면서 공공부조를 받을 정도로 빈곤층에 속하지도 않지만 현금이 필요한 상황에 처한 사람들을 도와줄 수 있는 제도가 필요하다. 이것이 사회적 지원인 것이다.

현금수당은 현금이 갖는 특성상 특정 사용처 지정 없이 수급권자의 자유로운 처분권을 전제로 한다. 그러나 주거수당과 같이 '월세 납부'라는 사용처가 분명한 수당도 있다. 자유로운 처분권을 보장하는 만큼 현금수당은 오남용 가능성도 높게 갖는다. 따라서 현금수당 도입은 재정 부담에 대한 사회 구성원의 반발을 사기 쉽다. "나는 받지도 못하는데 내가 낸 세금으로 지급하는 수당을 누군가 오남용할 수 있다."는 믿음을 갖기도 쉽기 때문이다. 따라서 현금수당은 가능한 많은 사회 구성원이 받을 수 있거나 해당 사회가 추구하는 공동의 가치를 실현하는 과정에서 반드시 필요하다는 사회적 합의가 있을 때 도입이 수월해진다.

이런 의미에서 현금수당은 인구학적 특성과 수급자 집단의 광범위성을 중심으로 수급 대상자 집단을 결정하는 경향이 강하다. 아동수당은 '아동'을 돌보는 가족이라면 보편적으로 받을 수 있는 수당이다. 1950년대 초반 서독은 제이차세계대전의 폐허를 딛고 일어서는 과정 중이었다. 이 과정에서 가족 재건 역시 매우 중요한 과제였다. 수많은 (남성)가장이 전쟁 중 죽었고 남겨진 여성과 자녀가 재건의 주역이 되었다. 동독에서는 사회주의형 가족 지원을 실천하는 정책 수단의 하나로서 아동수당 제도를 먼저 도입하였다. 그렇다면 서독도 아동수당을 통해 모든 가족을 돌보는 국가의 모습을 보여줄 필요가 있었다. 1955년 보편적 아동수당 도입이 그 결과 중 하나였다(BMAS,1997:189).

주거수당(Wohngeld)은 다음과 같은 두 가지 의미에서 보편적 수당으로서 사회적 합의에 이를 수 있었다. 첫째, 전통적으로 주택 소유보다 임대로 살아가는 독일식 주거문화이다. 다른 영미권 국가와 달리 주택을 투자 대상이 아닌 거주 수단으로 여기는 경향이 독일은 아직도 강하게 남아 있는 국가이다. 2008년 세계적인 금융위기의 주원인 중 하나가 부동산 가격의 거품이었고 특히 영국과 미국에서 주택을 재테크 수단으로 구입했던 많은 중산층이 몰락하는 결과가 있었다. 반면 독일에서는 그러한 부동산 거품 논란이 존재하지 않았다.

둘째, 두 차례의 세계대전을 통해 주거문제가 전 국민을 곤경에 몰아넣는 심각한 사회문제가 되었다. 제일차세계대전은 전쟁에 나간 가장의 부재로 인한 대규모 집세 체불 문제를 가져왔다. 이는 1914년 8월 18일 집세 관련 포고령(Verordnung)부터 시작하여 집세 인상을 강력히 억제하는 정책이 도입되는 계기가 되었다. 다른 어떤 분야보다 강력한 국가 개입 때문에 주거강제경제(Wohnungszwangswirtschaft)라는 용어가 나오기도 하였다. 심지어 나찌 정권은 1936년 모든 집세의 지불을 동결하는 조치를 취하기도 하였다(Lampert,1991:314). 이어서 제이차세계대전은 역사상 전무후무한 공습 피해로서 건물 파괴를 가져왔다. 1941년 독일에 대한 연합군 공습이 본격화되면서 대도시를 중심으로 약 이백만 채 정도 주택이 파괴되었다. 게다가 동유럽에서 유입된 전쟁 난민은 독일 주거 수준을 19세기 말 상태로 되돌려 놓았다(Metzler,2003:142).

모든 사회구성원의 문제로서 주거문제를 해결하기 위한 하나의 방안으로서 주거수당은 '월세부담 지원(Miet-undLastenbeihilfe)'이라는 이름으로 1960년 처음 도입하였다. 그 후 1965년 주거수당법(Wohngeldgesetz) 발표 이후 주거수당 명칭을 사용하고 있다.

주거수당은 세입자 뿐 아니라 주택 소유자도 지원 대상으로 한다는 점에서 보편적 수당이다. 세입자 대상 주거수당은 집세지원(Mietzuschuss)이라 하고 주택 소유자 대상 주거수당은 부담지원(Lastenzuschuss)으로 부른다. 세입자로서 주거수당 수급 가능자는 집이나 방을 임대하여 사용하는 자, 조합이나 재단 소속집 소유자, 집세와 유사한 형태의 비용을 지불하면서 살고 있는 자, 시설 생활자이다. 여기에 주택 소유자를 더하면 주거수당 수급 가능 집단의 폭은 매우 커진다. 여기에 독일 연방 교통·건설부 기준으로 볼 때 평균 소득 대비 주거비용 부담 수준이 20%를 넘을 경우 주거수당 수급 대상 자격을 갖게 된다.[8]

이 외에도 모성수당, 부모수당, 양육비 선지급 등 사회적 지원으로서 다양한 수당이 있다.

4) 사회서비스[9]

자녀돌봄, 가족 구성원 관계, 교육·취업 준비 과정, 사회통합 등 여러 분야에서 사회서비스에 대한 욕구가 증가하고 있다. 이는 독일에서도 예외가 아니다. 독일에서 사회서비스는 국가와 민간 비영리 조직 간 협력적 조합주의 관계가 두드러지게 나타나는 분야이다. 사회서비스 관련 정책 기획, 결정, 예산 지원은 연방정부와 주정부가 담당하고 기초지자체가 서비스 제공 과정을 관리·감독하며 서비스 제공은 민간 비영리 조직이 담당하는 역할 분담 구도를 보인다.

이러한 역할 분담 구도에서 국가는 사회서비스 제공을 우선 책임진다. 국가와 비영리 민간 조직 간 협력 관계를 통해 사회서비스를 제공하게 되지만, 책임의 최종 소재는 국가에 있다는 의미이다. 독일 헌법 34조는 민간 기관이 제3자에게 국가로부터 위임받은 업무를 제대로 이행하지 않았기 때문에[10] 발생하는 피

---

8) http://www.bmvbs.de/SharedDocs/DE/Artikel/SW/wohngeld-und-mieten bericht-2010.html(독일 연방 교통·건설부 홈페이지)
9) 「정재훈(2007), 독일복지국가와 사회복지서비스, 집문당」을 토대로 재구성하였음

해에 대한 보상을, 우선 국가가 하도록 규정하고 있다. 민간 기관이 분명하게 고의로 그런 잘못을 했을 경우에는 국가가 민간 기관에게 피해 보상을 요구할 수는 있다.

그렇다고 사회서비스를 제공해야 하는 상황이 발생했을 때 국가가 먼저 적극적으로 대응하지는 않는다. 사회서비스 제공 과정을 보충성 원칙(Subsidiarität)에 따라 구성하고 있기 때문이다. 따라서 사회서비스 전달체계에서 독일은 국공립 기관 비중이 매우 낮은 국가에 속한다. 사회서비스를 필요로 하는 욕구 상황이 발생했을 때 국가보다는 더 작은 단위, 지역사회, 민간 기관이 개입한다는 보충성 원칙이 있기 때문이다. 그렇다면 보충성 원칙은 무엇인가?

보충성은 우선 경계(Abgrenzung)를 포함하는 개념이다(Achinger u.a.,1952:22). 경계는 삶의 단위 사이에 존재한다. 이때 삶의 단위는 규모에 따라 다르다. 즉 작은 삶의 단위부터 큰 삶의 단위가 있다. 개인, 가족, 이웃, 마을 공동체 등이 작은 삶의 단위라면 국가, 글로벌 공동체 등은 큰 삶의 단위라고 할 수 있다. 따라서 보충성 원리에 따른 사회복지적 개입은 가능하면 작은 단위, 개인적·개별적 욕구 충족을 목표로 한다.

보충성이 갖는 두 번째 요소는 '도움'이다. 작은 삶의 단위가 해결 못하는 문제 상황을 큰 삶의 단위가 해결하기 위한 도움을 주는 관계를 설명하는 것이 보충성 개념이다. 보충성은 위로부터

---

10) 비영리 민간복지단체가 국가로부터 위임받아 클라이언트에게 서비스를 제공해야 하는데, 이는 제대로 서비스 제공을 하지 않은 경우를 의미한다.

아래로 향하는 도움(Hilfe von oben nach unten)을 의미한다. 작은 삶의 단위가 문제 해결을 못하고 있는 상황을 큰 삶의 단위가 방관하는 개념이 아닌 것이다. 가족, 이웃, 지역사회가 문제 해결을 할 수 없는 경우에 더 큰 지역사회와 국가가 문제 해결을 위하여 개입해야 한다는 원칙이다.

보충성 원칙의 세 번째 요소는 '보호'이다. 작은 삶의 단위는 큰 삶의 단위의 강제력과 전체주의적 개입으로부터 보호받아야 한다. 국가가 함부로 개입하여 가족의 삶을 통제해서는 안 된다. 자녀돌봄에서 부모의 욕구와 권리가 시청 아동복지과의 개입에 우선하여 고려되어야 한다는 의미이다.

보충성의 네 번째 요소는 '자조'이다. 보충성 원칙은 작은 삶의 단위가 감당할 수 있는 능력을 무시하는 무조건적인 개입을 거부한다. 장애부모로부터 무조건 자녀를 분리하여 생활시설이나 위탁가정에 보내는 것이 아니라 가능한 한 장애로 인해 부모가 할 수 없는 영역에서만 도움을 주면서 가족이 스스로 생활할 수 있도록 도움을 주어야 한다. 이러한 의미에서 보충성은 '스스로 도울 수 있는 도움(Hilfe zur Selbsthilfe)'이다.

보충성의 다섯 번째 요소는 '한시적 개입'이다. 작은 삶의 단위에 대한 큰 삶의 단위가 하는 개입은 가능한 한 지속적이지 않고 짧은 시간 안에 끝나기를 추구한다. 지역사회나 국가 개입은 가족이 스스로 문제 해결 능력을 가지게 될 때까지로 한정된다.

보충성의 여섯 번째 원칙은 '예방'이다. 자조를 강조한다고 해서 '작은 삶의 단위가 무너질 때까지' 방관하지 않는다. 문제를 갖게 된 '작은 삶의 단위가 무너지기 전'에 예방적 개입을 한다. 문제가 발생하여 가족해체 위기가 왔을 때, 그리고 그 문제를 가족이 스스로 감당하기에 어려운 상황일 때 국가 개입이 이루어진다. 장애나 희귀병을 가진 아이가 태어나서 발생하는 치료·재활비용을 가족이 감당하기 어렵고 빈곤의 나락으로 빠지기 전에 가족 소득 수준을 따지지 않고 비용을 사회보장제도를 통해 부담해줌으로써 (비용 부담과 빈곤으로 인한) 가족해체를 미리 예방하는 것이다.

보충성 원칙을 사회서비스 전달체계에 적용하면 국가보다 민간이 우선 서비스를 제공해야 하는 원칙이 된다. 국가는 비영리 민간 기관의 자치행정 원칙을 존중해야 한다. 그러면서 동시에 비영리 민간 기관에 대한 재정 지원을 해야 한다. 보충성 원칙은 특히 제이차세계대전 패전 이후 나찌 시대 전제주의적 국가를 다시 반복해서는 안 된다는 역사적 경험을 바탕으로 사회법전 등에 명시되었다. 이러한 법적 근거를 토대로 "국가는 (재정적으로) 지원하되 (운영에는) 간섭하지 않는다."는 원칙을 만들게 된 것이다.

사회법전 12권 5조에 근거하여 지자체가 사회부조 업무를 수행하는 과정에서 교회와 비영리 복지단체 업무를 방해해서는 안 된다. 더 나아가 지자체는 교회와 비영리 복지단체의 자율성을 존중해야 한다. 사회부조를 제공하는 과정에서 지자체는 비영리 복지단체의 사회서비스 업무를 적절하게 지원해야 한다. 현금을 직접 제공하는 것이 아니라면 비영리 복지단체가 대상자에게 제공하는 서비스와 중복되는 서비스를 지자체는 제공해서는 안 된다. 지자체는 사회서비스 제공 과정에 민간 비영리 복지단체를 참여시키거나 민간 비영리 복지단체에게 업무를 위임해야 한다. 그러나 서비스 제공자로서 져야 할 책임은 지자체에 있다.

3.5 기초보장[11]

기초보장(Grundsicherung)은 공공부조제도이다. 즉 국가가 운영 주체이고 재정은 조세로써 조달한다. 기초보장은 구직자 기초보장과 취업 무능력자 사회부조로 분류한다. 2005년 이른바 하르쯔 개혁(Hertz Reform)의 결과이다. 하르쯔 개혁 이전에는 근로무능력자 대상 사회부조(Sozialhilfe)가 최후의 사회적 안전망이자 기초보장으로서 역할을 하였다.

구직자 기초보장은 근로능력이 있는 구직자에게 지급하는 실업급여II와 구직자의 비취업 가족(배우자, 부양 자녀)에게 지급하는 사회수당(Sozialgeld)으로 분류한다. 사회부조는 근로능력이 없는 노인과 취업능력감소자 대상 생계보장이다(표 1).

---

11) 「김문길 외(2013), OECD 주요국공공부조제도 발전 과정과 최근 주요 이슈, 한국보건사회연구원」 중 필자 집필 내용을 가져왔음

〈표 1〉 독일 기초보장 체계

	사회부조		구직자 기초보장	
대상	노인 취업능력 감소자	기타 생계급여 필요자	취업능력자 (실업급여 II 수급자)	실업급여 II 수급자 부양가족

기초보장이 구현하는 주요 원칙은 자기책임 실현에 따른 보충적 급여 제공과 지원·지지에 대한 수급자 권리 보장이다. 전자가 수급자의 개인 책임을 요구하는(fordern) 원칙이라면, 후자는 수급자를 지원(fördern)하는 원칙이다.

기초보장 전달체계는 지역 전달체계(örtliche Träger)와 광역 전달체계(überörtliche Träger)로 구분한다. 지역 전달체계에게는 시(Kreisfreie Städte), 군(Landkreise)의 사회부조 담당 사회국(Sozialamt)과 구직자 기초보장 담당 고용센터(Jobcenter)가 있다.

지역 전달체계의 상부 단위로서 주(Land)는 기획, 통제, 재정 등을 담당하면서 시군구 범위를 벗어난 급여 제공도 한다. 예를 들어 시군구 간 시설 보호 비용, 대학 입학 비용, 장애인 사회 통합 비용, 외국 거주 독일인 원조 등의 업무를 맡는다.

기초보장 재정은 헌법에 의해 연방과 주가 나누어 부담하지만, 연방은 외국 거주 독일인 관련 비용만 부담한다. 따라서 주와 시 등 지방자치단체가 대부분의 비용을 조달해야 하는데, 주에서 부담하는 비용의 근원은 대부분이 토지세와 영업세(Grund- und Gewerbsteuer)이다.

기초보장에서 제공하는 사회서비스 재정은 기본적으로 주정부와 각 지방 기초자치단체에서 부담한다. 그러나 서비스 제공은 비영리 민간복지단체가 제공한다. 카리타스(Caristas), 디아코니 (Diakonie), 노동자복지회(Arbeiterwohlfahrt) 등 민간 비영리 복지단체가 운영하는 기관 및 시설을 통해 기초보장 대상자를 위한 사회서비스를 제공하는 것이다. 즉 재정은 지자체로서 국가가 조달하지만 대인서비스는 비영리 민간 기관이 국가 간섭 없이 자율적으로 제공함을 사회법 12권 5조에서 명시하고 있다.

3.6 요약

분권적 조합주의에 기초한 사회보장 체계는 사회보험, 사회적 보상, 사회적 지원, 사회서비스, 기초보장으로 분류할 수 있다(표 2).

사회보험은 사용자와 노동자의 재정 부담을 토대로 '국가 – 자본 – 노동' 간 분권적 조합주의에 토대를 두고 있다. 실업보험을 제외하고 각 영역 별 조합이 주체가 되어 국가와 협력하는 방식으로 운영하고 있는 것이다.

사회적 보상, 사회적 지원, 사회서비스, 기초보장은 조세 기반 재정 조달을 한다. 국가가 운영 주체가 되는 것이다. 그러나 이 중에서도 사회서비스는 보충성 원칙에 따라 민간 비영리 복지단체가 국가에 우선하는 서비스 제공을 한다. 이 과정에서 국가는 재정 지원을 하되 간섭을 최소화하는 입장을 유지한다. 사회서비스 전달체계에서 볼 수 있는 '국가 – 민간 비영리 서비스 제공자' 간 분권적 조합주의라 볼 수 있다.

〈표 2〉 사회보장 체계

	사회 보험	사회적 보상	사회적 지원	사회 서비스	기초 보장
영역	연금보험	전쟁피해 보상	아동수당	자녀 돌봄 지원	구직자 기초보장
	사고보험	구동독체제 피해 보상	주거수당	사회교육적 가족지원	
	의료보험	군인희생 보상	모성수당 (출산수당)	교육 지원	
	수발보험	예방접종 피해 보상	부모수당 (육아휴직 수당)	취업 지원	근로 무능력자 사회부조
	실업보험	범죄 피해 보상	양육비 선지급	장애인·이주민 등 사회적 약자 대상 사회통합 지원	
재정	당사자 보험료	조세	조세	조세	조세
주요 전달 주체	보험조합	국가	국가	민간 비영리	국가

4. 복지국가 독일

4. 복지국가 독일

이른바 한국형 복지국가를 어떻게 만들어야 할지 논쟁할 때 흔히 "인구 고령화 때문에 지금 이대로 국민연금이나 건강보험제도를 운영해도 20~30년 뒤면 우리나라도 복지국가가 된다."는 주장을 한다. 사회복지지출 비용이 국내총생산에서 차지하는 비중이 지금은 10% 정도이지만 그때쯤이면 노인인구 부양만으로도 20% 수준은 넘어갈 것이라는 근거에서 하는 주장이다. 옳고 그름을 떠나 그러한 주장은 복지제도만 확대하면 복지국가가 될 것이라는 잘못된 이해에서 나온 것이다.

단순히 복지제도만 갖추었다고 복지국가는 아니다. 만약 그렇게 본다면 과거 동유럽 공산주의국가는 보편적 사회보장제도를 갖춘 복지국가였다. 그러나 그런 국가에는 인권 · 사회통합 · 시민 정치참여 · 다양성 등을 보장하는 민주주의와 평화라는 요소가 빠져있었다. 아무리 잘 먹고 잘 살게 해줘도 평화를 토대로 한 민주주의가 정착되지 않았다면 복지국가라 말할 수 없다. 이런 맥락을 전제로 하면서 복지국가로서 독일이 보여주는 모습을 제시한다.

1) 복지국가의 형성

복지국가 성립의 가장 중요한 역사적 기원은 산업화이다. 18세기 영국에서 먼저 시작하여 19세기 말, 20세기 초까지 진행된 산업혁명을 배경으로 진행된 산업화는 당시 유럽에서 도입한 복지제도들의 필요조건이었다고 할 수 있다. 이후 각국의 정치제도, 노동운동, 문화적 요인에 따라 복지국가 발전 양상은 다르게 나타났지만 1920년대까지 산업재해보상, 노령연금, 의료보장, 실업대책 등 기본적 복지제도를 도입하는 과정을 통해 복지국가가 형성되기 시작하였다(Cousins, 2010:85).

산업화라는 공통 요소에서 출발하면서도 정치적 차원에서 볼 때 복지국가는 독일식과 영국식 기원을 갖는다. 근대 절대주의 시대 독일 지역 왕과 영주들은 백성의 복지(Wohlfahrt) 보장을 자신들의 신성한 의무로 여겼다. 비스마르크의 프러이센(Preußen)이 중심으로 독일이 통일되는 과정에서도 군주의 신성한 의무로서 백성의 복지 보장이 강조되었다. 당시 국가 중심 복지제도 도입의 이론적 기초를 제공하였던 강단사회주의자들은 '복지국가(Wohlfahrtsstaat)'를 자본주의 모순 극복의 주요 수단으로 보았다.

그러나 제일차세계대전 패전 이후 1919년 바이마르 공화국 건국과 더불어 복지국가는 시민적 자유를 제한하는 억압적 개념으로 받아들여지게 되었다. 바이마르 공화국 이념에서 볼 때 시민적 자유를 제한하고 가부장적 입장에서 복지를 보장하고자 했던 19세기 프러이센적 절대군주국가와 국가적 정체성을 공유할 수 없었던 것이다. 따라서 백성의 복지를 군주가 시혜 차원에서 보장해 주는 복지국가라는 용어보다 국민의 소득보장·최저생계보장 정도를 해주고 나머지 영역에서는 국가 간섭을 가능한 배제하는 사회국가(Sozialstaat)라는 용어를 바이마르 공화국 이후 독일에서는 보편적으로 사용하기 시작하였다.

반면 영국에서 복지국가(the welfare state)는 이차세계대전 당시 독일과 이탈리아의 전쟁국가(the warfare state) 국가 체제를 극복하는 대안 모델로서 제시되었다. 영국은 이차세계대전 중 베버리지 보고서(Beveridge Report)를 통해 전쟁에서 승리할 경우 복지국가 체제에서 살 수 있다는 희망을 국민들에게 심어주면서 총력전을 펼쳤다. 그리고 전후 국민건강서비스(National Health Service) 등 복지제도를 실천해 나갔다. 영국은 독일 전쟁국가 체제의 대안으로서 제시한 민주적 복지국가를 제이차세계대전 이후 발전시킨 것이다.

오늘날 독일에서도 복지국가(Wohlfahrtsstaat)를 더 이상 시민적 자유를 제한하는 체제로 받아들이지 않는다. 1949년 독일연방공화국(Die Bundesrepublik Deutschland)을 건국한 이후 정치·사회적 다양성을 존중하고 인권을 보장하며 언론·집회·결사·출판의 자유가 마치 공기처럼 의식할 수 없을 정도로 당연시되는 민주사회를 만들었기 때문이다. 민주사회와 함께 발전하는 복지제도는 이제 더 이상 누군가의 시혜로 볼 수 없는 것이다.

결국 독일은 사회국가로서 출발했지만 나찌 암흑기를 거치면서 일종의 중단기를 겪어야 했다. 그러나 전쟁국가로서 나찌가 패전한 제이차세계대전 후 평화와 민주주의에 기초한 사회국가 발전을 지속할 수 있었다. 그리고 오늘날 독일에서도 사회국가를 여전히 용어로서 사용하고 있지만 국가 간 비교연구 등을 할 때에는 독일 자체를 복지국가로 표현한다. 결국 복지국가를 사회국가와 동일한 의미로 받아들이고 있는 것이다.

2) 구성 요소

복지국가는 독일식 사회국가에서 출발하면서 국가의 시혜가 아닌 사회 구성원의 권리로서 복지 개념을 만들었다. 또한 나찌식 전쟁국가에 대응하는 영국의 복지국가 개념 제시는 평화·민주체제로서 복지국가의 의미를 부각시켰다. 이러한 역사적 배경은 복지국가를 구성하는 요소로서 민주주의, 평화, 복지자본주의와 연결된다.

첫째, 정치제도로서 의회 민주주의는 복지국가 구성의 필수요소이다. 언론·출판·집회·결사의 자유 등 기본적 시민권을 보장하지 않은 국가는 아무리 훌륭한 재분배 제도를 갖고 있어도 복지국가라 하기 어렵다. 그래서 나름 완벽한 사회보장제도를 확립했던 전후 동유럽 공산독재 국가들을 복지국가로 부르지 않는다. 국민소득 수준이 높은 중동 산유국들도 마찬가지로 복지국가 범주에 들어가지 않는다. 정치제도로서 민주주의가 확립되어 있지 않기 때문이다.

둘째, 전쟁 중이거나 끊임없이 전쟁 위협에 시달리는 국가 혹은 상시 전시체제를 유지하는 국가를 복지국가라고 부르지도 않는다. 제이차세계대전 후 평화를 전제로 한 역사적 산물로서 복지국가는 탄생했다. 복지국가는 나찌 히틀러의 전쟁국가에 대항하는 개념이었다.

셋째, 복지국가는 자본주의 시장경제체제를 기본 토대로 한다. 복지국가 형성의 이념적 토대가 되었던 영국의 페이비언 사회주의, 독일의 강단사회주의 등은 자본주의 체제 모순과 문제를 인정하였다. 그리고 그러한 문제를 해결하는 주체로서 국가 개혁 능력 역시 받아들였다. 시장경제 체제에 대한 적절한 국가 개입을 통해 자본주의 체제 모순을 극복하는 대응을 하였기 때문에 19세기 말 자본주의 체제가 붕괴하지 않고 복지국가 틀 안에서 살아남을 수 있었던 것이다. 이러한 과정을 거쳐 변형된 자본주의를 복지자본주의(welfare capitalism)라고 부른다.

복지국가에 대한 역사적 이해를 바탕으로 복지국가 개념이 갖는 공통 요소를 다음과 같이 제시할 수 있다(Cousins,2005:4-5). 첫째, 시민의 복지와 안녕을 추구하는 국가(state)의 적극적 노력을 볼 수 있어야 한다. 둘째, 국가의 이러한 노력은 최저소득보장 뿐 아니라 건강, 교육, 주거 등 분야에서 사회적 최저수준을 유지하도록 하는 과정으로 나타나야 한다. 셋째, 국가 개입의 전제 조건은 개인과 가족으로서 어쩔 수 없는 사회적 위험의 출현이다. 실업, 질병, 노령 등 사회적 위험에 처했을 때에는 지위와 계급을 막론하고 해당 사회 구성원은 국가의 도움을 받을 수 있는 권리를 갖는다. 넷째, 복지국가는 시장경제를 유지 · 조직하는 국가 역할을 중요시한다. 고용, 임금, 거시경제 조정은 모두 복지국가를 가능케 하는 중요한 요소이다. 국가의 시장개입을 통해 개인 간 혹은 계급 간 기회 혹은 결과의 평등을 복지국가는 추구한다.

이러한 구성 요소가 일정 수준의 사회적 비용(social expenditure) 혹은 사회복지지출 수준으로 이어지면서 복지국가의 완성된 모습이 나오게 된다. 이 경우 대개 국내 총생산(GDP)에서 사회정책과 민간지출 복지비용이 차지하는 비중으로써 복지국가 여부를 판단한다. 유럽 대륙이나 스칸디나비아 지역 복지국가들은 대체로 동 비중이 20~30% 수준을 보이고 있다. 이와 같이 일정 수준 사회비용을 지출하는 지속적 사회제도로서 취업지원, 소득보장, 의료보장, 사회서비스 영역이 있어야 한다. 취업지원은 취업교육과 고용지원서비스로 구성한다. 소득보장 영역은 사회보험 혹은 기초보장 형태로 구성한다. 의료보장 역시 사회보험이나 무상의료 형태로 제공한다. 대인서비스 영역은 사회서비스 전달체계로써 구성한다.

이렇게 볼 때 독일은 정치적 민주주의, 평화, 경제체제로서 자본주의를 전제로 하면서 적정 수준의 복지비용 지출을 하는 복지국가라 볼 수 있다. 국민소득이 1만 달러 수준이었던 1980년 독일은 국내총생산의 22.1%를 공공사회복지지출 비용으로 사용하였다. 우리나라는 국민소득 1만 달러 수준이었던 1995년에 국내총생산의 3.2% 수준에서 공공사회복지 지출을 하였다. 2012년 현재 독일의 국내총생산 대비 공공사회복지지출 비용은 26% 정도 수준이며 민간 차원 사회복지지출 비용을 합하면 30% 정도 수준이 된다(그림 2).

〈그림 2〉 국민소득 대비 공공사회복지지출 비용 변화 추이

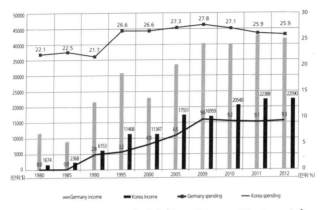

출처: The world bank 홈페이지(http://data.worldbank.org/)와
OECD 홈페이지(http://stats.oecd.org/)를 토대로 재구성

3) 보편적 복지

독일은, 또한, 보편적 복지제도를 구축한 복지국가이다. 그렇다면 보편적 복지제도란 무엇인가? 우리나라에서는 2010년 지자체 선거에서 '무상급식' 논쟁이 촉발된 이후 '무상 = 보편, 유상 = 선별'이라는 그릇된 인식이 퍼졌다. 그러나 선별·보편 복지의 구분으로서 본인 부담 여부는 하나의 필요조건일 뿐 충분조건은 아니다. 선별·보편 복지를 분류하는 기준은 매우 다양하다.

첫째, 주요 대상 집단이다. 선별복지는 사회적 약자를, 보편복지는 사회 구성원 전체를 대상으로 한다. 사회적 약자는 인종·성

·문화·저소득 등 요인으로 인하여 대다수 사회 구성원으로부터 차별받는 집단을 의미한다. 차별의 양상은 특정 자리나 지위를 차지할 수 있는 기회 박탈, 사회적 관계 형성에서 배제·소외, 사회적 낙인, 빈곤 등으로 나타난다. 우리나라가 사회보장제도 대상자를 기본적으로 '국민'으로 한정하는데 반하여(사회보장기본법 8조) 독일은 독일 거주자, 시민으로 규정하고 있다(독일 사회법전 1권 30조). 사회적 약자가 아닌 사회 구성원 전체라는 개념에서도 우리는 원칙적으로 외국인을 배제하는 반면 독일은 국적 여부와 관계없이 영주권과 취업활동에 기초한 더 포괄적인 보편적 복지제도를 운영하고 있다.

둘째, 선별복지는 사회적 최저선 보장을 개입 수준으로 한다. 반면 보편복지는 사회적 적정선 보장을 추구한다. 독일은 사회적 최저선을 보장하는 기초보장부터 한번 이룩한 삶의 수준을 가능한 유지하도록 지원하는 예방적 차원의 사회보험 및 사회서비스 제도를 확립하고 있다. 우리나라도 국민기초생활보장부터 사회보험까지 제도의 형태를 이런 면에서 갖추고 있다. 다만 국민연금 급여 수준이나 국민건강보험 보장성 수준이 낮은 상황이다. 독일이 우리나라보다 보편복지 쪽으로 더 나아가 있는 모습을 볼 수 있다.

셋째, 선별복지는 사회복지제도 구성 원리로서 연대의 차원 중 자선, 기부 등을 강조하는 경향을 보인다. 국가가 강제적으로 조직하여 거둬들이는 조세와 사회보험료보다 개인의 자선이나 기부에 기초한 중도적 차원의 사회연대에 기초하여 선별복지 체제는 발전한다. 반면 보편복지 체제는 제도적 차원의 조세와 사회보험료를 토대로 복지재정을 조달한다. 따라서 선별복지 체제에서는 국민부담률이 낮은 수준을 보이는 반면 보편복지 체제에서는 높은 수준의 국민부담률을 보인다.

넷째, 상담, 교육, 간병, 취업 훈련 등 각종 복지욕구를 선별복지 체제에서는 복지시장을 통해 구입해야 한다. 이때 구매 능력이 없는, 즉 소득이 낮은 집단은 국가로부터 비용 지원을 받는다. 그러나 수급자로 지정되지 못하는 대다수 차상위 계층이나 중산층은 복지서비스를 자신의 비용으로 구입해야 한다. 현재 우리나라 병원에서 간병인 비용을 당사자가 부담해야 하는 것이 예이다. 복지서비스를 상품으로 하는 영리 복지시장이 형성되어 있는 것이다. 반면 보편복지 체제에서 복지서비스는 공공 사회서비스 전달체계를 통해 구매한다. 구매 비용은 무상 혹은 본인 소득 수준에 따른 국가나 사회보험 조합 지원으로 조달한다. 이때 복지 서비스 제공자는 영리를 목적으로 활동하지 않기 때문에 일종의 복지서비스 비영리 교환이 일어난다.

다섯째, 선별복지 체제에서 외부의 도움을 필요로 하는 일종의 비복지 상황은 일시적이며 개인적 차원의 문제로 본다. 개인의 해결 의지와 능력이 가장 중요하다. 그래서 사회복지제도의 개입 시점은 본인 노력으로도 문제 해결을 못했거나 결국 빈곤해졌을 경우이다. 그렇지 않고 복지급여를 받는다면 그것은 매우 부끄러운 일로 여긴다. 사후문제 해결 차원의 개입인 것이다. 반면 보편복지 체제에서 개입 시점은 질병, 실업, 노령, 장애, 사고 등 사회적 위험 발생이 빈곤 등 문제로 이어지기 전이다. 일종의 예방적 개입이다. 복지제도가 주요 사회제도 중 하나로서 늘 작동하는 것이다. 그러므로 복지급여 수급 때문에 사회적 낙인을 받는 경우는 없다.

여섯째, 선별복지 체제에서 사회복지는 제도로서 중요성이 낮다. 사회복지를 경험하는 것은 바람직하지 않으며 가능하면 피해가야 한다. 경험하더라도 일시적이어야 한다. 복지제도는 최후의 사회적 안전망으로서 의미가 크다. 선별복지 체제에서 중요한 제도가, 그래서, 공공부조이다. 반면 보편복지 체제에서 사회복지는 제도로서 중요성이 높다. 비복지 상황을 예방하거나 상황 악화를 완화해야 하기 때문이다. 그래서 사회복지를 경험하는 것은 학교를 다니고 사회적 관계를 맺는 것처럼 자연스럽고 정상적이다. 보편복지 체제는 사회 구성원 전체 혹은 다수를 대상으로 하는 사회보험, 보편적 수당, 사회서비스 전달체계로써 구성된다(표 3).

〈표 3〉 선별·보편 복지 비교

	선별적 복지	보편적 복지
주요 대상	사회적 약자	사회 구성원 전체
개입 수준	사회적 최저선	사회적 적정선
연대의 차원	중도적 연대 (자선. 기부) 낮은 수준의 국민부담률	거시적 연대 (조세, 사회보험료) 높은 수준의 국민부담률
복지욕구 해결 장소	복지시장	공공 사회서비스 전달체계
복지욕구 해결 형태	영리 거래	비영리 교환
비복지 상황	일시적·개인적 문제	지속적·구조적 문제
사회복지의 개입 시점	사후문제 해결	예방적
	시장. 가족 등 '정상적 통로(normal channels)'가 실패했을 때 일시적·보충적으로 개입	통합적·정상적(an integral and normal) 기능을 하는 주요 사회 제도로서 항시 작동
제도로서 사회복지의 중요성	낮음	높음
	최후의 사회적 안전망	비복지 상황 예방 및 악화 완화 수단
	바람직하지 않으며 가능하면 경험하지 말아야 할 일시적 현상	정상적·보편적(normal) 제도
주요 제도	공공부조 + 민간영리보험	사회보험
	선별적 수당	보편적 수당
	복지시장	사회서비스 전달체계

사회보험, 사회적 보상, 사회적 지원, 사회서비스, 기초보장으로서 독일의 사회복지제도 주요 대상 집단은 사회적 약자가 아닐뿐더러 국민이 아닌 독일 거주자, 시민이다. 또한 사회보험 보장성 수준이 상대적으로 높은 수준을 유지하고 있다. 이런 맥락에서 국민부담률 수준도 높다. 영리를 추구하는 복지시장도 발전 수준이 낮다. 사회보험과 사회서비스 전달체계에서 일종의 비영리 교환이 복지서비스 제공 과정의 주 흐름을 형성하고 있다. 복지제도 역시 사회구성원으로서 늘 경험할 수 있는 권리이자 제도로 자리 잡고 있다.

5. 인구학적 변동

5. 인구학적 변동

독일은 서유럽에서 가장 낮은 출산율을 보이는 국가이다. 사회 참여와 취업활동에 대한 여성의 증가하는 욕구에 정책적으로 적절하게 대응하지 못한 결과, 여성의 출산 기피 현상이 지속되었기 때문이다(정재훈,2010). 전형적인 남성 부양자 지향적 가족 정책이 2007년 전환점을 맞이하여 남성 육아참여, 남녀 일가정 양립 지향 가족정책으로 변화한 이후 출산율 저하 현상은 막았지만, 그렇다고 저출산 문제가 빠른 시일 내에 해결될 기미를 보이지 않는다. 그러는 사이 인구 고령화는 지속되고 있다. 이러한 인구학적 변동은 독일 복지국가가 직면해야 하는 여러 가지 도전 과제를 가져온다.

인구학적 변동의 차원은 두 가지로 분류할 수 있다. 하나는 양적 규모에서 인구 집단의 변동이다. 이른바 생물학적 차원의 인구학적 변동이다. 인구 수 자체가 증가·감소하거나 인구 유출과 유입 간 관계가 어떻게 나오는지 등에 관련된 내용이다. 인구학적 변동은, 또한, 사회적 차원에서 이해할 수 있다. 인구학적 변동이 보여주는 일종의 질적 변화이다. 이혼율, 혼인율, 가구 규모 등 가족생활에서 찾아볼 수 있는 변화가 대표적 예이다. 노인인구 증가에 따라 젊은 세대의 부양 부담이 증가하는 사회적 관계의 변화 역시 인구학적 변동의 사회적 차원이라고 볼 수 있다. 이제 양적 차원과 사회적 차원의 인구학적 변동이 어떠한지 알아보도록 하자.

1) 양적 차원의 인구학적 변동

양적 차원에서 일어나는 인구학적 변동은 인구 피라미드로 대표되는 인구 구조 변화, 인구 규모 감소, 고령화 등으로 살펴볼 수 있다.

(1) 인구구조 변화 시나리오[12]

독일 연방통계청(Bundesstatistisches Amt)은 예상 출산율, 기대 수명, 외부로부터 유입되는 인구 규모 등에 따라 인구 구조 변화 가능성을 네 가지로 제시하고 있다.[13]

① 예상 변화 양상 1

인구 구조 변화는 2009년을 기준으로 하여 2060년까지 다음과 같이 몇 가지 변수를 달리 하여 예측할 수 있다. 여성 1인당 출산율이 1.4명을 유지하고 2060년 출생아 기대 수명이 남자 85세, 여자 89.2세가 되고 매년 취업활동 인구 10만 명 초과 유입이 있다고 가정하면 2060년도 독일 전체 인구는 약 6천470만 명 정도가 될 것이다. 2010년 현재 독일 인구가 약 8천2백만 명이므로 향후 50년 간 약 1천7백만 명 정도 인구 감소를 예상할 수 있는 변화 양상이다.

---

12) 「장혜경 외(2011), 가족의 미래와 여성가족정책 전망(1), 한국여성정책연구원」 중 필자 집필 부분을 옮겨왔음
13) 이하 내용은 독일연방통계청(http://www.destatis.de/bevoelkerungspyramide/) 자료를 재구성한 것임

이 경우 전체 인구에서 20세 미만 인구는 약 1천만 명으로서 전체 인구 중 16%를 차지하게 되는 반면, 65세 이상 노인인구는 약 2천2백만 명이 되어 전체 인구에서 34%의 비중을 보이게 된다(표 4).

〈표 4〉 2060년 인구 구조 추계 1

연령	20세 미만	20-64세	65세 이상	합계
규모(백만 명)	10.1	32.6	22	64.7
비율(%)	16	50	34	100

출처: 독일연방통계청(http://www.destatis.de/) 자료를 재구성

② 예상 변화 양상 2

여성 1인당 출산율이 1.4명을 유지하고 2060년 출생아 기대수명이 남자 85세, 여자 89.2세가 되고, 매년 취업활동 인구 20만 명 초과 유입이 있다고 가정하면 2060년도 독일 전체 인구는 약 7천만 명 정도가 될 것이다. 2010년 현재 독일 인구가 약 8천2백만 명이므로 향후 50년 간 약 1천2백만 명 정도 인구 감소를 예상할 수 있는 변화 양상이다.

이 경우 전체 인구에서 20세 미만 인구는 약 1천 1백만 명으로서 전체 인구 중 16%를 차지하게 되는 반면, 65세 이상 노인인구는 약 2천3백만 명이 되어 전체 인구에서 33%의 비중을 보이게 된다(표 5).

〈표 5〉 2060년 인구 구조 추계 2

연령	20세 미만	20-64세	65세 이상	합계
규모(백만 명)	11	36.2	22.9	70.1
비율(%)	16	52	33	100

출처: 독일연방통계청(http://www.destatis.de/) 자료를 재구성

③ 예상 변화 양상 3

여성 1인당 출산율이 2025년부터 1.6명을 유지하고 2060년 출생아 기대 수명이 남자 85세, 여자 89.2세가 되고 매년 취업 활동 인구 20만 명 초과 유입이 있다고 가정하면 2060년도 독일 전체 인구는 약 7천450만 명 정도가 될 것이다. 2010년 현재 독일 인구가 약 8천2백만 명이므로 향후 50년 간 약 750만 명 정도 인구 감소를 예상할 수 있는 변화 양상이다.

이 경우 전체 인구에서 20세 미만 인구는 약 1천 3백만 명으로서 전체 인구 중 18%를 차지하게 되는 반면, 65세 이상 노인 인구는 약 2천3백만 명이 되어 전체 인구에서 31%의 비중을 보이게 된다(표 6).

〈표 6〉 2060년 인구 구조 추계 3

연령	20세 미만	20-64세	65세 이상	합계
규모(백만 명)	13.4	38.3	22.9	74.5
비율(%)	18	51	31	100

출처: 독일연방통계청(http://www.destatis.de/) 자료를 재구성

④ 예상 변화 양상 4

여성 1인당 출산율이 1.2명 수준 정도로 하락하고 2060년 출생아 기대 수명이 남자 87.7세, 여자 91.2세가 되고 매년 취업활동 인구 10만 명 초과 유입이 있다고 가정하면 2060년도 독일 전체 인구는 약 6천4백만 명 정도가 될 것이다. 2010년 현재 독일 인구가 약 8천2백만 명이므로 향후 50년 간 약 1천8백만 명 정도 인구 감소를 예상할 수 있는 변화 양상이다. 예상할 수 있는 변화 중 노인 인구 증가를 가장 많이, 유소년 인구 증가를 가장 적게 추정하고 있다.

이 경우 전체 인구에서 20세 미만 인구는 약 850만 명으로서 전체 인구 중 불과 13%를 차지하게 되는 반면, 65세 이상 노인 인구는 약 2천4백만 명이 되어 전체 인구에서 38%의 비중을 보이게 된다. 20~64세 취업활동 인구는 약 3천130만 명으로 전체 인구의 49%를 차지하는 수준을 보이게 될 것이다(표 7).

〈표 7〉 2060년 인구 구조 추계 4

연령	20세 미만	20~64세	65세 이상	합계
규모(백만 명)	8. 5	31. 3	24. 2	64
비율(%)	13	49	38	100

출처: 독일연방통계청(http://www.destatis.de/) 자료를 재구성

(2) 인구 규모 감소

인구 규모와 구조 변화를 가장 낙관적으로 보는 경우와 비관 적으로 보는 경우를 종합할 때, 결국 2060년경 독일 인구는 약

6천5백만 명에서 7천만 명 수준을 오갈 것으로 전망하고 있다. 제이차세계대전 직후 7천만 명이 채 안되는 수준이었던 독일 인구는 1990년대에 들어서 8천만 명 수준을 넘어섰지만, 2010년 을 기점으로 지속적으로 하락하여 2050년에는 약 1백 년 전 수 준으로 다시 돌아가게 되는 것이다(그림 3).

〈그림 3〉 인구 규모 변화 추이

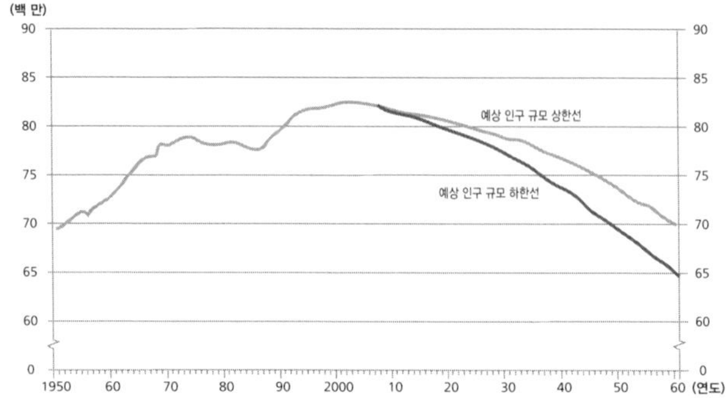

출처: StBA(2009,11:12)

(3) 축소된 고령사회

여성 1인당 출산율을 1.2명에서 1.6명, 2060년 출생 남녀 기 대수명을 남성 85세, 여성 89.2세 정도, 취업활동 연령 인구 유 입 규모를 연 10만~20만 명 정도로 설정했을 때 다음과 같이 인 구가 줄어든, 축소된 고령사회를 보여주는 인구 피라미드를 예상 할 수 있다.

2008년 현재 약 8천2백만 명인 독일 인구는, 앞서 제시한 추세를 따른다면, 6천5백만에서 7천만 명 정도 규모로 줄어들게 된다. 인구 규모 감소와 더불어 인구 구조 변화가 찾아올 것이다. 현재 전체 인구의 약 20% 정도가 65세 이상 노인이지만 2060년이 되면 독일 인구 7명 중 한 명은 80세 이상 노인이 된다. 65세 이상 노인인구 비율은 약 33% 이상이 된다.

이러한 인구 구조 변화는 저출산 현상과 사망자 수 증가가 동시에 일어나게 되면서 생기게 된다. 출생아 수에 비하여 사망자 수가 많은 일종의 출생적자(Geburtendefizit) 현상이 지속될 것이고 출생율 등 변수를 달리하여 보더라도 2060년에는 사망자 수가 출생자 수보다 약 52만7천 명에서 55만3천 명 정도 더 많은 양상을 보이게 될 것이다(그림 4).

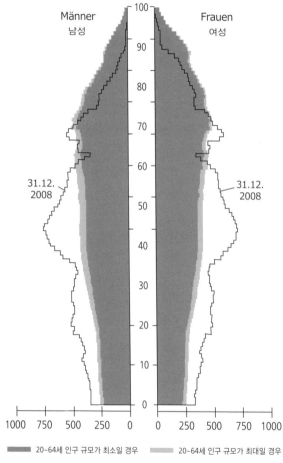

〈그림 4〉독일 인구 피라미드 변화 예상(2008-2060)

출처: StBA(2009.11:15)

- 20~64세 인구 규모가 최소일 경우
- 20~64세 인구 규모가 최대일 경우

2) 사회적 차원의 인구학적 변동

사회적 차원에서 인구학적 변동이 일어나는 양상은 젊은 세대가 갖는 노인인구 부양부담 증가, 개별 가구 규모 축소, 혼인·이혼, 저출산[14], 돌봄공백 규모, 이주민 유입 등에서 찾아볼 수 있다.

(1) 취업활동인구 부양 부담 증가

취업연령집단에 속하는 20세에서 64세 인구가 2013년 말을 기준으로 전체 인구 약 8천만 명 중 약 4천920만 명 정도이다. 이러한 상황에서 외부유입인구를 고려한다 하더라도, 2060년에 취업연령인구가 전체 인구에서 차지하는 비중은 인구 변동 예측 시나리오에 따라 27%에서 34%로 줄어들 것으로 예상한다. 인구 고령화와 더불어 취업연령 인구 규모가 감소하게 되면서 취업인구 100명당 피부양 노인 수를 의미하는 노인인구 부양비(Altenquotient)는 2013년을 기준으로 약 34%에서 2030년 50%을 넘어서 2060년에는 63%에서 67%정도로 늘어날 것이다. 정년퇴직 연령을 67세로 설정할 경우 2030년 노인인구 부양비는 43~44%, 2060년에는 56~59% 정도가 될 것으로 예상한다.[15]

---

14) 저출산 자체는 양적 차원의 인구학적 변동을 유발한다. 그러나 저출산 현상을 가져오는 사회적 관계의 변화에 주목할 때 저출산 현상을 사회적 차원의 인구학적 변동으로 볼 수도 있다.

15) 연방인구학연구소(Bundesinstitut für Bevölkerungsforschung) 홈페이지 (www.bib-demografie.de) 자료를 토대로 재구성

여기에 더하여 아동·청소년 인구 부양 부담까지 감안하게 된다면 취업활동 연령 인구 집단의 부양 부담은 더 증가하게 된다. 20~64세 취업활동 인구가 부양해야 할 아동·청소년 인구 비율을 보여주는 청소년 부양비(Jugendquotient)는 1950년 51%에서 1970년에는 53%까지 증가하였지만, 2013년을 기준으로 29.7%을 나타내고 있으며, 2060년까지 34.3% 수준 이상 오르지 않을 전망이다. 저출산 현상으로 인하여 청소년 인구는 감소하기 때문이다.

부양 미성년 자녀 수가 늘지 않음에도 불구하고 노인인구 증가로 인하여 취업활동인구의 전체 부양부담은 증가할 것이다. 청소년 부양비에 노인인구 부양비를 더한 취업활동인구의 청소년·노인 부양 부담 비율은 2013년을 기준으로 63.8% 수준이다. 이 비율이 1990년대에는 60% 정도로서 역사상 가장 낮은 수준을 기록했었다. 그러나 2060년이 되면 전체 부양 부담 비율이 93%까지 증가할 것이라는 예측이 나오고 있다.[16)]

(2) 개별가구 규모

인구 규모 축소 추세와 대조적으로 독거노인, 독신가구 등 증가로 인하여 2025년 정도까지 독일의 개별가구(Privathaushalte) 수는 약 4천1백만 가구 정도로 증가할 것으로 예상한다. 그러나 전반적인 인구 규모 감소 추세를 반영하여 개별가구 수도 2025년 이후에는 감소할 것으로 보고 있다.[17)]

---

16) 연방인구학연구소(Bundesinstitut für Bevölkerungsforschung) 홈페이지
   (www.bib-demografie.de) 자료를 토대로 재구성

가구 규모도 축소되는 추세를 보이면서 1인 내지 2인 가구 비중이 더 높아질 전망이다. 2014년 현재 개별가구 중 1인 가구가 차지하는 비율은 41%로서 가장 높다. 1인 가구가 1991년 전체 가구에서 차지하는 비중은 33.6% 정도이었고, 2030년에 그 비중은 43.4% 수준으로 증가할 전망이다. 같은 기간 2인 가구 비중 역시 30.8%에서 37.8% 정도로 증가한다. 반면 같은 기간 17.1%와 13.5% 수준이었던 3인 가구와 4인 가구 비중은 2030년에는 9.3%와 7.1% 수준으로 감소할 것이다(그림 5).[18]

〈그림 5〉 개별 가구 규모 비중 변화 추이(1991~2030년)

(단위: %)

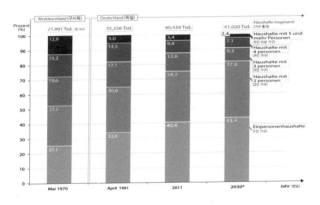

출처: 독일연방교육청(http://www.bpb.de/) 홈페이지 자료

---

17) http://www.destatis.de/jetspeed/portal/cms/Sites/destatis/Internet/DE/Navigation/Statistiken/Bevoelkerung/Bevoelkerung.psml
18) StBA(2011.9.30), Pressemitteilungen.

(3) 혼인 감소

1950년에는 독일 전 지역에서 약 75만 여건의 혼인이 이루어졌다. 그 후 혼인 건수는 지속적으로 감소하여 1985년 약 36만 여건으로 줄었으며, 1990년에는 다시 41만 여건 이상으로 증가하였다. 통일 여파로 잠시 혼인 건수가 늘어나긴 했지만, 2014년에 약 39만 건에 불과하다.[19] 이를 토대로 인구 1천 명당 혼인 건수를 보면 1950년 11건에서 1980년에는 6.3건으로 줄어들었다. 1990년 통일 직후 6.5건으로 잠시 증가하였으나 2000년에는 5.1건으로 감소하였다. 그 이후 인구 1천 명당 혼인 건수는 5건 수준을 넘어서지 못하고 2014년 현재 4.8건을 기록하였다(그림 6).

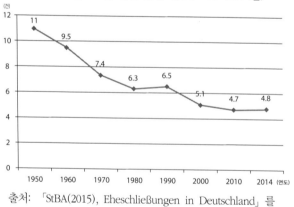

〈그림 6〉 인구 1천 명당 혼인 건수(1950-2014년)

출처: 「StBA(2015), Eheschließungen in Deutschland」를 토대로 재구성

---

19) StBA(2015), Eheschließungen in Deutschland.

과거에도 시대적 상황에 따라 혼인이 제한된 경우가 있었다. 특히 전쟁이나 경제적 여건 등은 혼인을 가로막는 중요한 요인들이었다. 이러한 외부적 요인에 따라 혼인 건수의 변동이 있었다고 본다면, 현재 그리고 앞으로 전개될 것으로 예상하는 혼인 감소 추세는 개인의 자발적 선택에 기초하고 있다는 데에서 과거의 혼인 추세와 구별된다. 현재 그리고 미래에 관찰할 수 있는 혼인 건수 감소는 개별화 요인(Individualisierungsbedingungen)(Beck-Gernsheim,1998:20)에 기인한 것으로 볼 수 있는 것이다.

혼인에 따른 가족 구성은 더 이상 인생의 의무가 아니라 인생경로에서 잠시 지나가는 자리(transitorische Lebensphase)(Nave-Herz, 1992:190)나 파트파임 공동체(Teilezeitgemeinschaft)(Imhof,1988:57)로서 의미를 더 갖게 되었다. 이른바 '당분간 원칙(Das Prinzip Bis auf weiteres)(Beck-Gernsheim,1998:56)'이 혼인 성립의 주요 토대로 자리를 잡게 되었다는 의미이다. '검은 머리가 파뿌리가 되도록'이란 표현은 사라지고 인생을 살아가는 과정에서 거쳐가는 시기로서 혼인의 의미가 새롭게 등장했다는 것이다.

(4) 이혼의 정상화(Normalisierung)

혼인 감소와 더불어 혼인 해체의 정상화(Die Normalisierung der Brüchigkeit)가 미래 가족의 한 모습으로 자리잡을 것으로 전망하고 있다(Beck-Gernsheim,1998:29). '이혼의 정상화'라 함은 생애에서 매우 특이한 사건으로 받아들여졌던 이혼이 보통 일어날 수 있는 일로서 사회 통념화되어 가고 있음을 의미한다. 게다가 혼인 신고하지 않은 상황에서 동거하다가 헤어지는 경우를 고려한다면 파트너 관계의 형성과 이별의 반복이 일상화되어 간다는 결론을 내릴 수 있다(Beck-Gernsheim,1998:32).

1950년 약 8만4천 건 정도이던 이혼 건수는 전후 재건기를 거치면서 1960년에는 약 4만8천 건 수준으로 감소하였다. 그 이후 지속적 증가추세를 보이면서 1980년 9만6천여 건, 2000년에는 19만여 건까지 증가한 이혼 건수는 그 이후 감소 추세를 보이고 있다. 2014년 현재 이혼 건수는 16만6천여 건 수준이다(그림 7). 이러한 추세는 혼인 3건 당 1건은 이혼으로 끝난다는 의미로 해석할 수 있다(StBA,2015:23).

〈그림 7〉 이혼 건수 변화 추이(1950-2014년)

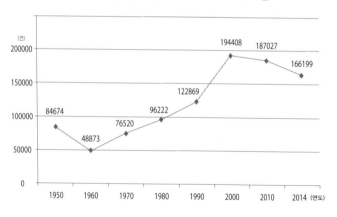

출처 : 「StBA(2015), Ehescheidungen. 1950-2014」를 토대로 재구성

(5) 가족형태의 다양화

개별 가구 규모 감소, 혼인 감소, 이혼 건수 증가, 그리고 공식 통계에 잡히지 않는 파트너 관계 성립과 해체의 일상화는 가족 형태의 다양화 경향을 가져오고 있다. 성년이 되어서 혼인에 기초한 가족을 형성하는 소위 정상생애(Normalbiographie)에서 상당수 사회 구성원들은 짜깁기 생애(Bastelbiographie)(Beck-Gernsheim,1998:57)에 기초한 가족생활을 한다고 보겠다.

1996년 부부가족이 전체 가족에서 차지하는 비율은 79.1%이었다. 2014년 현재 이 비율은 68.1%로 감소하였다. 이때 부부가족은 혼인신고 여부와 관계없이 '여성과 남성'이 배우자로서 함께 사는 가족을 의미한다. 2012년부터 통계로 잡기 시작한 동성부부 가족의 비율은 2014년 현재 0.1%이다. 생활공동체(Lebensgemeischaften) 가족 형태가 차지하는 비율은 1996년 3.8%에서 2014년 8.1%로 약 20년 사이에 2.5배 정도 증가하였다. 한부모가족 비율은 같은 기간 중 17%에서 23.7%로 늘어났다. 한부모가족 중 여성 한부모가족 비율은 같은 기간 60.6%에서 53%로 감소하였다(StBA,2015:50-52). 남성 한부모가족이 증가했다는 의미이다.

2012년에는 1963년 이전 출생 여성 중 약 15% 정도가 자녀 출산 경험이 없는 반면, 그 이후 출생한 여성의 50% 이상은 자녀 출산 경험을 하지 않고 있다(StBA,2015:53). 이는 가족형태가 다양화할 뿐 아니라 전형적인 부부가족 중 무자녀 가족이 증가하는 현상으로도 나타난다. 1996년 '부모-자녀'로 이루어진 부부

가족 수가 1,315만 여 정도 수준이었는데 2014년에는 1,143만으로 13.1% 감소하였다. 같은 기간 '부모-자녀'로 이루어진 생활공동체 수는 약 51만에서 94만 수준으로 83.5%의 증가율을 보였다. '한부모-자녀' 가족 수는 약 223만에서 약 271만으로 21.3% 증가하였다(StBA,2015:57).

(6) 저출산

가족생활 형태가 다양해지고 혼인 감소, 이혼의 정상화 현상이 나타나면서 생활 방식의 변화도 관찰할 수 있다. 이를 근대성의 표현으로 볼 수 있는데, 삶을 개인 의지에 따라 결정하는 개인화 양상이 증가함과 더불어 자유의지에 따른 결정이 증가하는 양상에 비례하여 가족관계가 더 개방적이면서도 불안정해지고 변화하기 쉬운 이른바 '위태로운 자유' 상태에 이르는 경향을 보이게 된다(Beck-Gernsheim,1998:58).

가족 돌봄 기능 상실, 불안정한 배우자 관계와 이에 따라 불안정해진 삶에 직면한 사람들은 불안정한 상황을 극복하기 위하여 다양한 방식으로 대응하게 되는데, 이러한 대응 방식은 국가에 좀 더 적극적 가족정책을 통한 가족 돌봄 부담 분담을 요구하거나 가족 내 돌봄노동 분담을 위한 남녀 역할 관계 변화를 시도하는 양상으로 나타난다. 그리고 새로운 요구와 시도가 가족정책으로 실천되지 않는 상황에서 자연스럽게 저출산 문제가 등장하게 된 것이다. 가족정책 전환을 적시에 하지 않은 결과가 독일에서 나타났다고 볼 수 있다.

여성 취업 활동 증가, 여성의 가사·돌봄노동과 취업노동 이중 부담, 경력 단절에 대한 여성의 두려움 등은 지속적 저출산 요인이 되고 있다. 특히 구동독 지역에서는 1990년 통일 직후 실업과 급격한 생활환경 변화에 대한 두려움으로 인하여 출산율이 1995년에는 0.84명까지 떨어지는 현상을 보였다. 사회주의 체제에서 여성의 취업활동이 당연시되었던 상황에서 갑자기 자본주의 체제로 전환하면서 여성 실업률이 높아졌기 때문이다. 통일 직후 약 10년 간 구동독 지역 여성 실업률은 15%에서 20%를 상회하면서 구서독 지역 여성 실업률의 두 배 수준을 유지하였다(정재훈,2000:199).

통일의 격변기가 안정적 추세를 찾으면서 차츰 증가한 구동독 지역 출산율은 2007년 1.37명으로서 구서독 지역과 같아졌으며 그 이후 구동독 지역 출산율이 구서독 지역 출산율보다 약간 높은 추세를 보인다. 2014년에는 출산율이 구동독 지역에서 1.54명, 구서독 지역에서는 1.47명이다(그림 8). 이러한 현상을 설명하는 여러 요인이 있겠지만, 우선 구서독 지역보다 더 잘 갖춰진 3세 미만 아동 돌봄시설이 하나의 중요한 요인이 될 수 있다.

〈그림 8〉 출산율 현황(1990년~2014년)

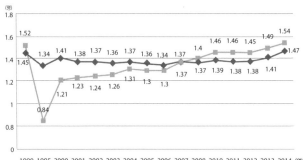

출처: 독일 통계청 홈페이지 (https://www.destatis.de/DE/)
　　　자료를 토대로 재구성

(7) 돌봄 공백 규모 증가

'부부-자녀'로 구성하는 소위 '정상가족(Normalfamilie)' 형태가
무너지고 고용 불안정, 여성 취업 증가 등에 기인한 신사회적
위험으로서 돌봄 공백은 앞으로 독일 사회에서 가장 중요한 사
회문제 중 하나로 부각될 전망이다.

이미 "가족 내 돌봄노동을 누가 맡을 것인가(Beck-Gernsheim,
1998:98-100)?"라는 문제 제기가 지난 십수년 사이 끊임없이 제
기되었다. 특히 1995년 수발보험(Pflegeversicherung) 도입 이후
수발보호 건수를 정부 통계로 집계하게 됨으로써 돌봄 공백 문
제가 가시화되기 시작하였다.

1995년 수발보험 실시 후 이미 1999년 수발보호 건수는 2백만을 넘어섰다. 그 중 재가수발이 약 144만 건이고 시설수발은 57만여 건에 달했다. 그 후에도 수발보호 건수는 지속적 증가 추세를 보이고 있다. 이러한 추세가 어떻게 진행되느냐에 따라 사회보장 지출 비용 증가 규모가 결정될 것이다.

증가 추세를 가장 적게 추정하고 있는 뤼룹 위원회(Rürup-Kommission) 2003년 자료에 따르면 수발보호 건수는 2010년 225만 건, 2020년에 260만 건, 2040년 340만 건에 이를 것으로 전망할 수 있다. 도이체 방크(die Deutsche Bank)는 뤼룹 위원회와 비교할 때 수발보호 건수 추정치를 상대적으로 높게 잡고 있다. 같은 기간 도이체 방크 추산으로 수발보호 건수는 약 241만, 약 280만, 약 375만 건으로 증가할 것으로 나타난다. 수발보호 건수 추계를 가장 비관적으로 하고 있는 독일경제연구소(Das Deutsche Institut für Wirtschaftsforschung) 추산에 따르면 수발보호 건수는 2020년에 거의 3백만 건에 달하게 되고 2040년에는 약 413만 건으로 증가할 전망이다(그림 9)(Voß,2009).

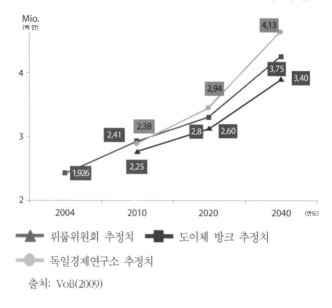

〈그림 9〉 요수발보호자 수 증가 추세 추계

(단위: 백 만)

뤼룹위원회 추정치　　도이체 방크 추정치

독일경제연구소 추정치

출처: Voß(2009)

　　수발보호 건수 자체가 문제가 되지 않을 수 있지만, 수발보호를
필요로 하는 사람들 숫자가 증가하는 것에 비하여 수발보호를
담당할 수 있는 인구집단 규모가 줄어들 것이라는 전망은 결국
수발보호 결핍(Pflegedefizit)이라는 사회문제를 야기할 수 있다.

　　수발보호 건수 관련 추정치를 추산하는 또 다른 연구에 따르
면(Görres,2011), 2005년 당시 수발보호를 담당할 수 있는 잠재
집단으로서 40~65세 사이 여성 수는 약 1,424만 명 정도이다.
같은 해 당시 잠재적으로 수발보호를 필요로 하는 80세 이상 노

인인구는 약 113만 명 정도이다. 2005년을 기준 연도로 하여 지표 100으로 설정했을 때, 2020년 정도를 기점으로 하여 잠재적으로 80세 이상 수발보호를 요하는 노인 수는 지표 150을 넘어가는 반면, 수발보호 담당 잠재집단으로서 40~65세 사이 여성수는 지표 100 이하로 감소하기 시작한다. 이러한 추세는 지속적으로 나타날 것이며 2050년 80세 이상 잠재적 요수발보호자수는 약 350만 명 수준으로 증가하여 2005년 지표 100을 기준으로 할 때 약 300 정도 수준의 지표를 나타내게 된다. 반면 수발보호 담당 잠재집단으로서 40~65세 여성 수는 약 1천만 명을 약간 넘는 수준을 보이면서 같은 기간 지표 수준은 50을 약간 넘는 정도로 감소하게 된다(Görres,2011).

수발보호는 물론 여성만의 영역 혹은 가족 내 사적관계에서만 해결할 수 있는 서비스가 아니다. 따라서 전통적으로 돌봄노동을 여성이 담당해 온 현실을 감안하여 수발보호 담당 잠재적 인구 집단으로서 40~65세 여성 수 감소보다 더 중요한 것은 수발보호 전문인력이 어느 정도 필요하게 될 것이냐는 추계이다.

2007년 현재 독일 전국 수발보호사 수 57만5천 명을 기준으로 하여 2050년에 필요하게 될 수발보호 전문인력 수를 세 가지로 추계하면 다음과 같은 결과를 보게 된다. 첫 번째는 2050년이 되었을 때 수발보호 전문인력 약 135만 명이 필요하다고 추산할 경우이다. 이 때 2007년 기준으로 수발보호 전문인력 증원이 없다면 약 77만5천 명 수발보호 인력 부족 사태가 발생할 것이다. 인력 수요를 약 122만 명으로 전제한다면 부족 비율은

68%로 증가한다. 2050년 수발보호 전문인력 수요를 약 150만 명으로 가정한다면 2007년 기준 인력 부족 비율은 72%가 된다. 현재 수발보호 전문인력 수를 기준으로 즉 첫 번째 시나리오를 따른다면 앞으로 약 40년 간 약 57% 인력 증원이 필요하다. 두 번째 시나리오에 의하면 68%, 세 번째 시나리오에 따르면 72% 인력 증원을 필요로 하게 되는 것이다(그림 10)(Görres,2011).

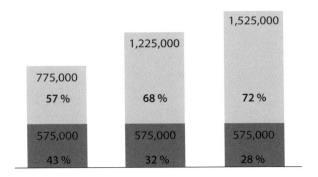

〈그림 10〉 2050년 수발보호 전문인력 부족 비율
추계(2007년 기준)

■ 2007년 대비 2050년 부족 수발보호사 숫자와 비율
■ 2007년 현재 수발보호사 숫자와 2050년 예상 수발보호사
  수요 대비 비율
출처: Görres(2011)

(8) 이주민 유입

1972년 이후 독일은 출생률보다 사망률이 높은 이른바 인구 적자(Bevölkerungsdefizit) 현상을 보이는 국가이다(Kaufmann, 2005:50). 그럼에도 불구하고 50년이 다 되어 가도록 인구가 8천만 명 수준을 꾸준히 유지하는 것은 외부로터의 인구유입 때문이다. 특히 1990년대 동서냉전 체제 붕괴로 인하여 동유럽 쪽국경 개발이 이루어지고 2000년대 동유럽 국가로 유럽연합 체제가 확대되는 과정에서 동유럽으로부터 인구유입이 활발하게 이루어졌다. 여기에 더하여 최근 몇 년 사이 중동지역 정세 불안으로 인한 난민의 폭발적 증가는 유래없는 인구성장으로 이어지는 계기가 되었다.

2014년 말 현재 독일 인구는 8,120만 명 수준을 보였다. 이는 전년도 대비 43만 명, 0.5% 증가율에 해당한다. 1992년 러시아를 중심으로 한 동유럽으로부터 독일 태생 이주민을 받아들이면서 70만 명 수준의 인구 증가를 보였던 이후 최고의 증가치이다. 2013년에도 이미 전년도 대비 0.3% 증가율, 24만 여명 증가추세를 보였다. 이러한 인구증가는 시리아 내전을 중심으로 한 중동지역 정세 불안으로 인한 난민 유입에 기인한다. 2014년 한 해에만 약 55만 명의 난민이 독일로 왔다. 2013년에 독일로 온 난민 수는 약 43만 명이었다.[20]

이미 독일에는 2014년 현재 전체 인구의 약 10%에 해당하는

---

20) StBA(2015), Pressemitteilung Nr. 353 vom 24.09.2015.

750만 명의 외국인이 거주하고 있다. 인구 100명 당 9명 정도가 외국인이다. 여기에 국적은 독일이지만 이주배경을 갖고 있는 인구가 약 1천6백만 명 정도가 된다. 독일국적 보유자 5명 중 1명이 유입인구인 것이다.[21]

높은 이주배경 인구 비율과 최근의 난민 유입은 독일사회에 새로운 가능성과 도전을 가져오고 있다.

첫째, 지속적 저출산에 따른 인구규모 감소, 고령화 사회의 도래라는 시나리오가 어느 정도 수정될 가능성이다. 최근에는 저출산에도 불구하고 평균수명 증가에 따라 출생아 수가 사망자 수를 소폭 넘는 현상도 보인다. 그러나 연간 50만 명 수준의 난민이 유입되고 이들 대부분이 아동·청소년·청년 세대임을 감안한다면 저출산 문제 해결의 가능성이 생긴다고 보겠다. 다만 이들 유입인구가 독일 사회에 적응한 후 독일인과 유사한 출산 행태를 보이고 이들 또한 노령화됨을 감안한다면 난민유입 자체가 장기적 차원에서 저출산 문제를 해결하는 계기가 되지는 않을 것이다.

둘째, 난민유입과 높은 비율의 이주배경인구는 이미 '기독교문화 대 이슬람문화'라는 문화충돌 문제를 야기하는 요인이 되고 있다. 유럽연합화를 반대하고 독일 민족주의를 주장하는 '독일을 위한 대안운동(AfD: Alternative für Deutschland)'이 이미 정당정치 무대에 발을 들여놓을 정도로 대중적 지지를 확보하였다. 게다가 2014년 10월 드레스덴(Dresden)에서의 데모를 시작으로 하여 이슬람 문화를 적대시하고 극우나찌 이데올로기를 받아들이는

---

21) StBA(2015), Pressemitteilung Nr. 353 vom 24.09.2015.

경향을 보이는 '페기다(PEGIDA: Patriotische Europäer gegen die Islamisierung des Abendlandes)'[22] 운동마저 대중적 지지의 폭을 넓혀가고 있는 상황이다.

이주배경인구 비율의 증가에 따라 1990년대부터 독일은 이주민을 대상으로 동화(Assimilierung)에서 통합(Integration), 융합(Inklusion)에 이르는 모델을 놓고 사회적 논쟁을 거치면서 다문화사회(multikulurelle Gesellschaft) 개념을 받아들이기 시작하였다. 이 과정은 극우나찌 집단의 산발적이지만 계획적인 테러를 동반하면서 매우 논쟁적으로 전개되어 왔다. 다른 문화, 특히 이슬람 문화를 학교교육 과정에서부터 사회적 평화를 유지하는 정책적 노력에 이르기까지 어떻게 받아들여야 하는가를 놓고 여전히 갈등과 논쟁, 타협의 과정을 경험하고 있는 것이다. 그런데 갑자기 대규모로 유입되기 시작한 난민의 존재는 상당수 독일인의 문화적 관용과 인내를 실험하는 계기가 되고 있다.

난민유입 규모를 제한하는 문제부터 난민 대상 사회보장급여 수준을 어떻게 해야 할지에 대한 논쟁이 독일사회를 뜨겁게 달구고 있다. 대도시 지역에서 오랜 시간동안 지불능력에 맞는 집을 구하느라 고생해 온 독일인들은 이주난민에게 집을 우선 임대해 주는 정책에 소리없는 불만을 쌓아가고 있다.

밀려오는 난민을 관용으로써 받아들일 것인가? 아니면 빗장을 걸어 잠글 것인가? 어느 정도 수준에서 어디에서 오는 난민을 받아들이고 또 받아들이지 않을 것인가? 독일사회의 지속가능

---

22) '유럽의 이슬람화에 반대하는 애국적 유럽인'이라는 의미이다.

발전에 기여할 수 있는 구성원으로서 이들을 어떻게 통합할 것인가? 또한 통합인가 융합인가? 난민이 몰려든 지자체의 주거 · 교육 · 환경 · 치안 문제 등 여러 가지를 해결하기 위하여 연방과 지방정부, 지자체는 어떤 역할을 해야 할 것인가? 누가 어느 정도 수준에서 비용을 부담할 것인가? 이렇게 산적한 문제를 독일 사회가 어떻게 대응하느냐에 따라 복지국가로서 독일의 모습이 향후 수십 년 간 변화할 것이다.

6. 복지국가 전망

6. 복지국가 전망

후기산업사회의 특징이라고 할 수 있는 고용불안의 상시화 (Prekarisierung)는 사회 전체의 연대 수준을 떨어뜨리고 삶을 치 열한 경쟁의 장소로 만들어가고 있다. 독일사회도 여기에서 예외가 아니다. 2005년 하르쯔(Hartz) 개혁으로 상징되는 노동시장 개혁 이후 실업률은 감소하고 있지만 비정규직 규모는 확대되어 가고 있다. 여기에 더하여 평균수명이 길어지면서 인구 고령화가 급 속히 진행되고 있다. 2008년 경제위기 이후 독일경제가 나아지 고 있다고는 하지만 최근 폭스바겐 사태나 난민 유입, 러시아로 부터의 위험 요소[23] 등 경제상황은 늘 부침이 있기 마련이다. 이런 상황에서 독일 복지국가가 직면한 가장 큰 도전이 인구학 적 변동과 이주민의 급격한 유입이다.

1) 인구학적 변동

복지국가로서 독일이 실업문제에 대처하고 노동시장을 운용하 는 정책 기조 중 중요한 수단이 조기퇴직이었다(Esping-Andersen, 1990). 정년이 65세이긴 하지만 50대 후반 조기퇴직을 유도함으 로써 젊은 세대 일자리 문제도 해결하고 노동시장에 새로운 활력 소를 불어넣는 정책기조를 유지했던 것이다. 그러나 조기퇴직은 오랜 시간동안 안정적으로 취업활동에 종사한 경우 노후생활 보장

---

23) 독일은 석유와 가스 등 연료자원의 대부분을 러시아에 의존하고 있다.
　따라서 러시아 정세 불안은 독일 경제에 중요한 영향을 미칠 수 있다.

기능을 한다. 20세 초반 취업하여 60세까지 일하면 이미 40년 정도 연금가입 기간이 되는 것이다.

고용불안의 상시화는 조기퇴직의 이러한 의미를 무색하게 만든다. 취업활동을 자주 중단하게 되고 전체 취업활동 기간이 짧아지고 급여 수준도 높지 않다면 노후생활 대비 소득 확보가 어려워지기 때문이다. 게다가 인구 고령화는 취업활동세대의 부담을 가중시키게 된다. 따라서 독일은 2012년부터 은퇴연령을 67세로 상향조정하였다. 그럼에도 불구하고 여전히 문제는 남는다. 고용보장이 된 사람들은 67세까지 일을 해야만 하지만, 대다수 사람들은 일하고 싶어도 일자리가 없는 현실은 어떻게 극복할 것인가?

고용불안의 상시화가 고착되는 과정과 함께 앞으로 어차피 적은 수의 취업활동인구가 많은 수의 노인을 부양해야 한다. 그렇다면 해결 방향은 취업 연령층의 사회보장 기여금을 늘리든지, 아니면 (노인) 연금 연령층의 급여 수준을 낮춰야 하는데 둘 다 정치적으로 하기 어려운 결정이다. 젊은 세대는 더 부담하지 않으려 할 것이고 노인세대는 더 많은 급여를 원하거나 최소한 받고 있는 급여 수준의 하락을 원하지 않을 것이다. 어느 수준에서 세대 간 타협이 가능할 것인가?

게다가 고령화에 수반하는 의료보장을 생각하면 문제는 단순히 중간에서 타협점을 찾는 수준을 넘어서 매우 복잡해진다. 인구 고령화는 인류가 지금껏 경험하지 못한 새로운 현상이다. 여기에는 현대 의학 발달이 함께 하고 있다. 이로 인하여 복지국가 국민으로서 지금까지 경험하지 못했던 새로운 상황이 발생할 수 있다. 전통적 복지국가 의료보장제도로써 대응하기에 어려운 윤리적 문제도 생길 수도 있다. 정치적으로 공론화하기 어려운 논쟁일 수도 있지만 고령인구 증가가 지금까지 높은 수준에서 유지하였던 의료보험 보장성 수준을 축소하는 결과를 가져올 수도 있다. 일정 연령 이상 노인에게는 고비용의 치료를 제한해야 한다는 차원에서 논쟁이 전개될 수 있는 예측이 가능하다. 이런 경우가 발생한다면 비용과 윤리의 문제 사이에서 어떤 타협점을 찾게 된 것인가?

2) 이주민

본격적인 유럽연합화와 중동·아프리카 정세 불안은 유래없는 규모로 난민·이민자 문제의 원인이 되고 있다. 동유럽에서 일자리를 찾아, 심지어 구걸을 하려고 고향을 떠나는 사람들의 바로 앞에 독일이 위치하고 있다. 냉전시대에는 서유럽의 변방이었던 독일이 냉전체제 붕괴 이후 영국, 프랑스, 네덜란드 등 서유럽 국가와 폴란드, 헝가리, 체코 등 동유럽 국가 사이에 지리적 위치로 인하여 중간에 자리잡게 되었기 때문이다. 유럽연합 내 활발한 인구이동의 가장 큰 영향을 독일이 받게 되었다.

유럽연합 회원국민이기 때문에 손쉽게 국경을 넘어올 수 있는 동유럽인은 이른바 '관용의 원칙(Freizügigkeitsprinzipien)'에 따라 대해야 한다. 국적을 불문하고 자국에 거주하는 사람들에게 최소한 생계보장을 해줘야 한다는 복지국가의 기본 원칙이 관용의 원칙이다. 상당수 동유럽인은 최저생계보장 수준이 자기 나라 생활수준보다 일반적으로 더 높은 독일을 찾게 된다. 이러한 일부 동유럽인의 이주동기나 모습이 언론에 과장되게 보도되면서 새로운 사회적 갈등 요소가 되었다. 여기에 더하여 대규모로 유입되고 있는 중동과 아프리카 난민 역시 관용의 원칙에 따라 받아들여야 한다. 난민 대상 사회보장급여 수준을 낮추는 문제를 놓고 지속적인 논쟁과 갈등이 유발되는 상황을 어떻게 극복할 것인가?

물론 난민이든 이민이든 이주인구 증가로써 저출산 문제를 해결할 수 있는 가능성이 있다. 게다가 독일은 지속적 저출산으로 인하여 노동시장에서 심각한 전문 인력 부족 문제를 겪고 있다. IT나 첨단기술 분야에서 향후 몇 년 동안 수십만 명의 기술자나 전문 인력이 필요하다. 그런데 문제는 이주인구가 노동력으로서 갖는 질 문제이다. 이런 맥락에서 현재 독일로 밀려오는 이주민이 노동시장에서 필요로 하는 자격을 갖춘 사람이냐는 논쟁이 벌어진다. 더 나아가 이들의 자녀들, 즉 2세대를 독일의 노동시장이 필요로 하는 전문인력으로 키워낼 가능성이나 정책적 준비가 되어 있느냐는 논쟁이 생겨나는 것이다. 이주민들 사이에서 기존 하층계급 아래에 또 다른 하층계급(이른바 sub하층계급)이 생길 수 있는 가능성에 대한 문제 제기도 있다. 전문기술을 보유한 핵심 노동자층과 단순·노무직 주변부 노동자층이 존재하는 독일 취업노동시장에서 단순·노무직에 종사하거나 아예 사회보장 급여에 의존해서 살 수 밖에 없는 사람들이 증가하는 상황에 이주민이 가세한다면 이를 어떤 방식으로 해결할 것인가?

3) 복지국가적 대응

인구학적 변동과 급격한 이주민 유입이라는 두 가지 커다란 도전에 직면하여 독일 복지국가는 어떻게 대응할 수 있는가 혹은 대응해야 하는가? 이에 대한 답을 복지국가의 전통적 원칙과 체계에 대한 신뢰라는 차원에서 찾아본다.

(1) 복지국가의 전통적 원칙

독일 복지국가는 전통적으로 두 가지 원칙을 토대로 발전해 왔다. '자기책임'과 '연대'의 원칙이다. 이 원칙을 더욱 상호보완적으로 구성하여 새로운 질문을 던질 수 있다. 복지국가 형성의 기초로서 연대를 생각해보자. 왜 연대를 추구하는가? 개인이 스스로 살아갈 능력을 키우기 위해서이다. 한번 어려움에 처한 사람을 국가의 영원한 클라이언트로 만드는 것이 아니라 사회보장 급여를 바탕으로 스스로 살아갈 수 있는 자기책임 능력을 키워주는 것이다.

연대에 기초한 급여를 받아 자기책임 능력을 갖게 된, 더 이상 국가의 클라이언트가 아닌 사람은 결국 국가와 사회의 지속가능 발전을 가능케 하는 지원자가 된다. 이들이 세금을 내고 사회보장 비용을 부담하기 때문이다. 이렇게 국가와 사회 구성원 간 상호작용이 일어나게 해야 한다. 연대 원리에 따라 국가가 개인을 도와주면, 그럼 그 개인도 연대 원리에 의해서 국가를 도와주는 그런 관계가 되어야 한다. 정직하게 세금과 사회보장비용을 내고 살아온 사람이 어려움에 처할 때 국가가 도와주고, 이렇게 해서 어려움에서 벗어난 사람은 다시 국가의 건실한 납세자와 사회보험 가입자가 되어 국가를 도와주는 관계를 만드는 것이다.

이러한 복지국가 모델이 동유럽에서 빨리 발전할 수 있도록 지원한다면 독일 복지국가가 직면하는 이주민 문제의 상당 부분을 해결할 수 있을 것이다. 여기에서 유럽연합이 중요한 역할을 할 수 있다. 유럽연합 차원에서 임대주택 건설을 지원하거나, 일자리창출 프로그램을 동유럽 국가에서 전개해 나가는 움직임은 매우 긍정적으로 받아들일 수 있는 현상이다. 다만 유럽연합 재정 지원을 동유럽 국가의 부패한 정치인들이 사욕을 채우는데 이용한다는 비판이 있음도 함께 주목해야 할 필요가 있다.

(2) 체계신뢰(System Vertrauen)

독일에서 노령연금은 1898년부터 시작되었다. 매우 오랜 역사를 가지고 있다. 독일식 노령연금 운영 방식을 부과 방식이라고 한다. 연금 기금을 적립하는 것이 아니라 취업활동을 하는 사람들이 전월에 낸 연금 기여금을 그대로 현재 연금 수급자에게 지급하는 방식이다. 돈이 쌓이지 않고 곧장 지출되는 방식이다. 결국 현재 취업연령 세대가 노인세대를 부양하는 '사회적 효'를 실천하는 방식이다. 인구구조가 피라미드식으로 비교적 균형이 있을 때는 부과방식은 문제가 아니었다. 그러나 고령화와 더불어 지금 젊은 사람들은 전전(前前) 세대에 자신의 돈을 내주었지만 막상 자신이 노인이 되었을 때 받을 것이 없을 수 있다는 불안과 불만을 동시에 갖게 되었다.

따라서 2008년 경제 위기 전 독일에서도 부과방식에서 적립방식을 일부 도입하는 것에 대한 정책적 논쟁이 있었다. 그런데 금융위기 과정에서 적립방식이 가진 문제가 드러났다. 기금 적립 모체로서 금융권이 취약한 모습을 여실히 드러낸 것이다. 그 후로 독일에서 적립방식 도입 논의는 일단 자취를 감추었다. 적립방식으로 연금을 가입한 미국의 상황에서 은행이나 보험회사 파산으로 인하여 예상연금액수의 절반도 못받는 경우가 속출했기 때문이다. 적립방식 개인연금이 은행 등 금융회사가 파산하면서 보여준 사례이다.

그런데 여기에서 더 중요한 논점은 "부과방식이냐 적립방식이냐"라는 방법론 관련 논쟁보다 그러한 역사적 경험을 통해 독일인이 추상적 체계로서 국가에 대한 신뢰를 더욱 갖게 되었다는 점이다. 여기에 더하여 독일의 안정적 의회민주주의 정치체제는 정당명부제 등 선거제도를 기반으로 하여 소수집단의 이익과 의견이 의회정치에 반영되는 기능을 하고 있다. 이러한 정치적 분위기에서 국가는 널뛰기 같은 정책이나 정치를 하지 않는다. 여기에서 체계로서 국가에 대한 신뢰가 형성되는 것이다.

'신뢰'는 본래 개인적 관계에서 형성된다. 서로 오래 구체적으로 알아가는 교제의 시간이 있어야 다른 사람을 신뢰하게 된다. 이는 개인적 신뢰이다. 그런데 체계에 대한 신뢰, 즉 체계신뢰는 개인적 신뢰처럼 구체적이지 않다. 반대로 추상적이다. 국가의 실체를 눈에 보이는 친구처럼 쉽게 알 수 없다(Luhmann,1984). 그래서 국가가 나중에 나한테 무엇을 해줄지 100% 확신하기가 어렵다. 이렇게 확신이 없을 때에도 국가라는 체계를 믿는 신뢰관계가 국가와 국민 사이에 형성될 때 국민은 기꺼이 조세와 사회보험료 부담을 하고 국가로부터 나중에 사회보장급여로 돌려받을 것이라는 믿음을 갖는 것이다.

즉 개인적 차원에서의 신뢰관계 구축이 우선인 사회에서는 사회보험처럼 추상적 체계에 대한 신뢰를 구축하기 굉장히 어렵다. 그런데 추상적 체계에 대한 신뢰를 구축하려면 우선 정치에 대한 신뢰가 우선 되어야 한다. 그리고 정치에 대한 신뢰라는 것은 정치인들이 사익을 추구하는 모습을 보일 때 형성되지 않는다. 국민들이 체계에 대한 신뢰를 갖게 하려면 정치적 과정의 합리화가 우선 되어야 한다. 정치인들이 개인이나 당파적 이익을 추구하는 것이 아니라 공공의 복지를 추구하는 정치를 보여줘야 한다는 것이다. 따라서 특히 제이차세계대전 이후 70여년에 걸쳐 발전해온 독일의 의회민주주의는 국가에 대한 국민의 체계신뢰 수준을 높이는데 많은 기여를 했다.

높은 수준의 국민부담률에서도 볼 수 있듯이 독일에서 국민의 체계신뢰 수준은 높다. 그리고 이 배경에는, 앞서 설명한 정치적 민주주의와 더불어, 사회적 시장경제가 있다. 시장경제는 경쟁에서 이긴 자가 모든 것을 독식하는 체계이다. 그런데 이러한 무한경쟁체제는 지속가능 발전을 할 수 없을 뿐 아니라 결국 자기 파괴적 길을 가게 된다. 따라서 사회적 요소에 대한 고려가 중요해진다. 시장경제에서 능력껏 일해서 많은 돈을 벌 수 있는 사람도 있다. 그러나 본인의 의사에 관계없이 시장경제 활동을 못하는 사람들, 즉 장애가 있어서, 늙어서, 병들어서, 은퇴해서, 해고를 당하거나 사업이 망하는 사람들도 있다. 이런 경우에도 그런 사람들도 시장경제에서 생겨난 열매를 먹을 수 있는 그런 체계가 사회적 시장경제다. 시장경제활동에 참여 못하는 사람들에게도 몫이 가도록 하는 방법이 두 가지가 있다. 하나가 사회보장기여(사회보험료), 또 하나가 조세이다.

결국 사회적 시장경제는 시장경제에 잘 발전한 사회보장 시스템을 더한 개념이라고 하겠다. 결국 '시장경제 + 사회보장 체계 = 사회적 시장경제'가 된다. 사회적 시장경제는 지금까지 독일의 사회적 평화(Sozialer Frieden)를 유지하는 원천 역할을 했다. 만약에 사회적 시장 경제개념이 없었다면, 특히 이차세계대전이후 높은 수준의 사회적 평화가 독일에서 존재하지 않았을 것이다. 여기서 사회적 평화라는 것은 노사 갈등과 분규, 범죄 등 사회적 불안 등이 없는 상황을 의미한다. 스웨덴 등 스칸디나비아 국가와 비교할 때 독일은 인구도 많고 복합 다층적인 사회이다. 그래서 다양한 사회집단의 욕구를 복합적으로 수용하는 경제체계가 필요했다. 그리고 이를 위하여 시장경제 원리를 좀 더 강조하는 방향에서 사회적 시장경제 체계를 발전시켰다.

결국 어떤 제도를 받아들이고 안 받아들이고 자체보다 더 중요한 문제는, 정책을 누군가 결정을 했을 때 사회 구성원들이 그 결정을 믿고 따르도록 하는 정치적 과정과 공정한 경쟁을 통해 생산한 자원을 어떻게 다시 공정하게 분배하느냐는 분배·재분배 기제이다. 이런 면에서 독일은 국가라는 체계에 대한 사회 구성원의 신뢰를 구축해 왔다. 체계신뢰를 토대로 하여 사회보장제도, 독일식 복지국가가 존재하는 것이다. 인구학적 변동, 이주민의 대규모 유입 외에 또다른 도전 요인이 발생한다 하더라도 결국 독일 복지국가의 성패 혹은 변화를 결정하는 주요인은 정치제도로서 의회 민주주의와 경제제도로서 사회적 시장경제가 될 것이다.

참고문헌

김용원(2005), "독일의 사회적 시장경제의 한국에의 시사점", 「경제경영연구」 제2집 제3호. 35쪽.

정재훈(2000), "동독 여성의 삶과 사회정책적 개입 가능성: 통일 후 나타난 문제를 중심으로", 「사회복지연구」 15호 2000, 여름, 193-213쪽.

정재훈(2007), 「독일 복지국가와 사회복지서비스」, 집문당.

정재훈(2010), "독일의 저출산 문제 등장 배경과 정책적 대응 양상", 「민족연구」 2010년 3월, 41호, 168-198쪽.

Achinger, Hans(1952), Sozialpolitik als Gesellschaftspolitik. Von der Arbeiterfrage zum Wohlfahrtsstaat. Suhrkamp Verlag.

Beck-Gernsheim, Elisabeth(1998), Was kommt nach der Familie: Ein Blick in neue Lebensformen, Verlag C.H. Beck, München.

BMAS(Bundesministerium für Arbeit und Soziales)(1997), Bilder und Dokumente zur Sozialgeschichte.

Braun, Hans(2003), Und wer ist mein Nächster? Solidarität als Praxis und als Programm, dgbt-Verlag.

Cousins, Mel(2005), European Welfare State, SAGE Publications Ltd.

Fulbrook, Mary(1990), A concise history of Germany, Cambridge University Press; 김학이 역(2000), 「분열과 통일의 독일사」, 도서출판 개마고원.

Görres, Stefan(2011), Pflegenotstand in der Langzeitpflege: Welche Gegenstrategien sind möglich?, Gesundheitspolitisches

Kolloquium 18.5.2011 Universität Bremen.

Hamel, Hannelore(1989), Soziale Marktwirtschaft·Sozialistische Planwirtschaft, Verlag Frranz Vahlen; 안병직·김호균 역, 「사회적 시장경제·사회주의 계획경제」, 서울: 아카넷, 2001).

Hockerts, Hans Günter(1988), "Integration der Gesellschaft-Gründungskrise und Sozialpolitik in der frühen Bundesrepublik", In: Funke, Manfred(1988), Entscheidung für den Westen: Vom Besatzungsstatut zur Souveränität der Bundesrepublik 1949-1955, S.39-57.

Kaufmann, Franz-Xaber(2002), Sozialpolitik und Sozialstaat, Verlag für Sozialwissenschaften.

Kaufmann, Franz-Xaber(2005), Schrumpfende Gesellschaft, edition suhrkamp.

Luhmann, Niklas(1984), Soziale Systeme, Suhrkamp Verlag.

Metzler, Gabriele(2003), Der deutsche Sozialstaat, Deutscher Verlags-Anstalt.

Niethammer, Lutz(1980), "Entscheidung für den Westen – Die Gewerkschaften im Nachkriegsdeutschland", in: Vetter, Heinz O.(1980), Aus der Geschicte lernen – die Zukunft gestalten, Köln, S.224-234.

OECD(2015), Dataset: Revenue Statistics – Comparative tables.

StBA(2009.11), Bevölkerung Deutschlands bis 2060.

StBA(2015), Statistisches Jahrbuch – Bevölkerung in Familien- und Lebensformen.

Steinforth, Thomas(2001), Selbstachtung im Wohlfahrtsstaat, Herbert Utz Verlag.

Vetter, Heinz O.(1979), "Aus der Geschichte lernen – die Zukunft gestalten", In: Gewerkschaftliche Monatshefte 11/79, S.669 –679.

Voß, Dieter(2009), Anforderungen der Pflegekassen an die zukünfitige Versorgung der Demenzkranken, MDS-Pflegeforum (14.12.2009).

독일복지국가론

펴낸곳 ㅣ EM커뮤니티

주 소 ㅣ 서울시 관악구 신림로7길 33

인쇄처 ㅣ EM실천

주 소 ㅣ 서울 금천구 서부샛길 648 대륭테크노타운 6차 1004호

전 화 ㅣ 02)875-9744

팩 스 ㅣ 02)875-9965

e-mail ㅣ em21c@hanmail.net

ISBN : 978-89-91862-33-3 93300